A ESSÊNCIA DA AUTOCONFIANÇA

A ARTE DE VIVER

Coleção Pensamentos e Textos de Sabedoria

A ESSÊNCIA DA AUTOCONFIANÇA

A ARTE DE VIVER

A essência da sabedoria dos grandes gênios de todos os tempos

LIVRO | MARTIN CLARET | CLIPPING

Créditos

IDEALIZAÇÃO E REALIZAÇÃO
Martin Claret

CAPA
Retrato Feminino,
Rogier van der Weyden
(Ver pág. 125)

MIOLO
Revisão
Rosana Citino

Direção de Arte
José Duarte T. de Castro

Digitação
Conceição A. Gatti Leonardo

Editoração Eletrônica
Editora Martin Claret

Fotolitos em
Editoração Eletrônica
ERJ Informática Ltda.

Papel
Off-Set Champion,75g/m²

Impressão e Acabamento
Paulus Gráfica

Editora Martin Claret Ltda. - R. Alegrete, 62 - Bairro Sumaré
CEP 01254-010 - Tel.: (011) 262-8144 - Fax: (011) 263-7146
São Paulo - SP

Agradecemos a todos os nossos amigos e colaboradores — pessoas físicas e jurídicas — que deram as condições para que fosse possível a publicação deste livro.

Seja profeta de si mesmo

Martin Claret

"A função derradeira das profecias não é a de predizer o futuro, mas a de construí-lo."

Somos criaturas programáveis

*Caro leitor: não é por acaso que você está lendo este livro-*clipping*. Nada acontece por acaso. Tudo acontece por uma causa.*

Possivelmente a causa de você o estar lendo seja a sua vontade de obter mais informações ou expandir a sua consciência. A causa, também, pode ser a força da minha mentalização.

Cientistas, antropólogos, psicólogos e educadores têm afirmado que o ser humano é uma criatura culturalmente programada e programável.

Eis uma grande verdade.

Seu *hardware* e seu *software*

Nosso cérebro e nosso sistema nervoso — o nosso hardware *(a máquina) — é mais ou menos igual em todas as pessoas. A grande diferença que faz a diferença é o que está gravado ou programado no cérebro, isto é, o nosso* software *(o programa).*

Explicando de uma maneira extremamente simplificada, você tem três tipos de programação: 1º) a programação genética (o instinto); 2º) a programação sócio-cultural (família, amigos, escola, trabalho, líderes espirituais e políticos, livros, cinema, TVs, etc.); 3º) a auto-programação ou a programação feita por você em você mesmo.

Na primeira programação você não tem nenhum controle; na segunda, tem controle parcial; e na terceira programação você tem controle total.

É fundamental que você saiba, conscientemente, controlar o terceiro tipo de programação, ou seja, a auto-programação.

Um método de autoprogramação humana

*Todos os livros-*clippings *da coleção* Pensamentos e Textos de Sabedoria *foram construídos para conduzir você a se autoprogramar para um estado de ser positivo, realístico e eficiente.*

Depois de longa pesquisa e vivência — análise e intuição — concluí que há, e sempre houve, um método simples e seguro de autoprogramação.

As informações adquiridas por meio da leitura de "historinhas", parábolas, fábulas, metáforas, aforismos, máximas, pensamentos, etc., podem, eventualmente, atingir seu subconsciente sem passar pelo crivo do consciente analítico e bloqueador. Esta prática permite, sem grande esforço, implantar em seu sistema automático perseguidor de objetivos uma programação incrivelmente podero-

sa e geradora de ação.

Sabemos — o grande objetivo da educação não é apenas o saber, *mas a* ação.

Um dos maiores Mestres de nosso tempo e um gênio na Arte de Viver, formalizou com incrível simplicidade este princípio quando ensinou: "Pedi e vos será dado; buscai e achareis; batei e vos será aberto. Pois todo o que pede, recebe; o que busca, acha; e ao que bate, se abrirá."

Hoje, em plena era da informática, com a conseqüente revolução da comunicação, estamos compreendendo esses eficientes recursos que temos inerentemente dentro de nós.

Um livro "vivo" e motivador

A coleção Pensamentos e Textos de Sabedoria *foi idealizada e construída para nos programar (autoprogramar) para a plenitude da vida. São 72 volumes de 128 páginas, no formato de bolso 11,5 x 18 cm, com textos essencializados, de alta qualidade gráfica, periodicidade mensal, baixo custo e distribuição em nível nacional.*

Este livro começa onde o leitor o abrir. Ele não tem início nem fim. Pode continuar na nossa imaginação.

A essência da sabedoria dos grandes mestres espirituais, líderes políticos, educadores, filósofos, cientistas e empreendedores está aqui reunida de uma maneira compacta e didaticamente apresentada.

Buscamos a popularização do livro.

A foto e o pequeno perfil biográfico do autor de cada pensamento têm a função de facilitar a visualização do leitor. As "historinhas", ou "cápsulas" de informação, estão apresentadas com extrema concisão. Os 36 primeiros volumes abordam os mais importantes assuntos do conhecimento humano; os 36 volumes restantes focalizam 36 personalidades que mais influíram no nosso modo de pensar. Cada título da coleção Pensamentos e Textos de Sabedoria *é um livro "vivo", motivador e transformador. Oferecemos o livroterapia.*

Uma paixão invencível

Minha permanente paixão cultural (já o disse em outros trabalhos) é ajudar as pessoas a se auto-ajudarem. Acredito ser esta minha principal vocação e missão. Quero "claretizar" as pessoas, ou seja, orientá-las no sentido de que vivam plenamente e tenham uma visão univérsica do mundo. Que sejam e que vivam harmonizadamente polarizadas.

Você tem o poder de genializar-se.

Este é o meu convite e o meu desafio lançado a você, leitor. Participe do "Projeto Sabedoria" e seja uma pessoa cosmo-pensada e auto-realizada.

"Pensar que É faz realmente SER".

Leitor amigo: vamos, juntos, construir uma poderosa força sinérgica para o nosso desenvolvimento pessoal e para o desenvolvimento de todas as pessoas de boa vontade.

Comece rompendo seus limites, modelando os grandes gênios. Visualize-se como já sendo "um vencedor do mundo".

Seja profeta de si mesmo.

SUELY BRAZ COSTA - Empresária mineira da cidade de Uberaba, é graduada em Letras e durante muitos anos lecionou Português e Literatura. Foi assessora de assuntos educacionais da Faculdade de Medicina do Triângulo Mineiro. Atualmente é Diretora de Vendas da Zebu Ecológica e presta consultoria de marketing. Em 1992, foi eleita a Empresária do Ano. É autora, entre outros, dos livros *De Bóia-Fria a Empresário Internacional*, *Cada Pessoa é Uma Empresa* e *Administração Holística — A Intuição como Diferencial*, sobre os quais profere palestras pelo Brasil.

“

Quando possuimos confiança em nós mesmos, as respostas do Universo onde atuamos são positivas e duradouras.

”

Continue acreditando em si, tenha confiança

Norman Vincent Peale

"Os homens nascem para o sucesso e não para o fracasso", disse Henry Thoreau. "A confiança própria é o primeiro segredo do êxito", declarou Ralph Waldo Emerson.

Mas quantas pessoas não confiam em si!

Como são numerosos aqueles infelizes cuja carreira é mutilada por essa nefasta atitude de dúvida e descrença em si!

Devem ser, literalmente, milhões os homens e mulheres que, com efeito, proscrevem-se por carência de capacidade e habilidade. Esses desventurados, esses patéticos indivíduos do tipo *falta-me alguma coisa,* andam estorvando-se e derrotando-se a si mesmos por toda a parte.

Ainda recentemente recebi um telefonema internacional. A voz não pertencia a pessoa conhecida. Era um jovem que falava inglês, mas cuja voz chegava até mim amedrontada e até mesmo humilde.

— Acho-me de fato envolvido com alguma coisa que me é impossível enfrentar. Simplesmente impossível. Estou certo de que para mim é demais. Não consigo... — E a voz sumiu, como que tragada pelo desespero.

— O senhor se julga uma pessoa normal? — interrompi.

— Mentalmente são? Bem... jamais me fizeram semelhante pergunta, mas não sou maluco ou coisa parecida.

— Bem. É doente ou tem algum problema físico?

— Oh, não. Sou jovem e gozo de excelente saúde.

— Ótimo! Quanto à instrução?

— Bem, sou formado e tenho um bom currículo escolar.

— Muito bem, jovem, examinemos a situação. Você é normal mental e fisicamente, possui bom nível de instrução. Por que então gasta todo esse dinheiro para telefonar-me no outro lado do Atlântico e dizer-me com voz fraca e tímida que está numa situação impossível de resolver?

— Bem, pensando nas várias dificuldades envolvidas eu me senti subitamente atolado. Acho que me entreguei por completo. Depois, deparei com um de seus livros numa estante. Apanhei-o, li um trecho, calculei que agora seria meio-dia em Nova York e lhe telefonei. Em cinco minutos tinha-o na ponta da linha. Formidável, hein?

— E tudo isto está a indicar uma considerável dose de agressividade da sua parte. Noto também em você uma inusitada capacidade executiva. Você não perdeu tempo dizendo de si para si: "Será que devo telefonar-lhe? Talvez ele não esteja em casa. E, caso consiga a ligação, que coisa lhe irei dizer? Talvez ele me tome por algum maluco." Nada disso, você não entreteve pensamentos negativos dessa ordem. Sua mente decidiu-se por uma atitude e você tratou de pô-la imediatamente em prática.

E isso me diz tudo a seu respeito. A sua observação inicial de que está com um problema sério demais e de que nada, nada pode fazer, indica apenas um "eu" espúrio e falso. Não lhe direi que seu problema não seja difícil. Talvez seja dos mais difíceis e decerto exigirá tudo de você, mas entenda bem uma coisa: quaisquer que sejam essas exigências, você tem condições para satisfazê-las.

Uma pergunta mais: acredita em Deus?

— Dr. Peale — respondeu-me o moço, — se eu não acreditasse em Deus não estaria apelando para o senhor, um ministro!

— Muito bem. Então façamos uma coisa. Façamos uma prece aqui mesmo ao telefone. Será talvez a prece mais cara de todos os tempos, mas lá vamos nós! — E rezei para que ele usasse a sua boa saúde mental e física na solução do problema; rezei para que o seu espírito hesitante e atemorizado fosse reativado. Dei também graças por aquela sua atitude agressiva, atuante, e expressei a idéia positiva de que ele já estava efetivamente modificado.

— Bem, escreva-me qualquer hora e conte-me como resolveu o assunto. Estarei lhe mandando pensamentos positivos através do oceano.

Folgo em poder dizer que mais tarde ele enviou-me um relatório que indicava grandes progressos. Pelo menos a sua mudança de atitude tornou-se patente.

— Quando o senhor fez que eu começasse a acreditar em mim mesmo — escreveu o jovem — a confiança começou a voltar-me.

Continuarei a pensar da forma que preconiza e creio que a capacidade de dominar as situações virá também.

Claro que virá. Qualquer pessoa pode aprender a dominar suas dificuldades, desde que aprenda a confiar em si. Tem-se então o primeiro segredo do êxito. Continue, portanto, acreditando em si. Tenha confiança.

As pessoas tornam-se deveras notáveis quando começam a pensar que são capazes de fazer as coisas. E aqueles que aprenderam a desenvolver uma crença realista e altruística em si próprios, aqueles que possuem profunda e arraigada confiança própria, constituem um patrimônio da humanidade, pois transmitem tal qualidade aos que dela carecem.

(In: *Você Pode, se Acha que Pode,* dr. Norman Vincent Peale, Cultrix, São Paulo, 1965.)

MARK TWAIN - Escritor norte-americano, foi precursor da literatura autenticamente americana, onde seus personagens eram pessoas simples e rudes do interior. Samuel Langhorne Clemens, mais conhecido como Mark Twain, nasceu na Flórida, Estados Unidos e escreveu no linguajar e na gíria de seu país, libertando-se da entonação européia. Suas principais obras são: *As Aventuras de Tom Sawyer*, *As Aventuras de Huckeberry*, *Vida no Mississipi* e *O Príncipe e o Mendigo*. (1835 - 1910)

"Tudo o que você precisa na vida é de uma dose de ignorância e outra de confiança — e aí o sucesso está garantido."

Pense grande

Dr. Lair Ribeiro

Para conseguirmos alcançar nossas metas existem algumas dicas e recomendações valiosas. A primeira recomendação a enfatizar é: **escreva** tudo o que for importante.

Em 1953, foi feito um estudo na Universidade de Harvard em que foram entrevistados todos os formandos. Dentre as várias perguntas, uma era sobre suas metas de vida: o que queriam alcançar no futuro. A pesquisa perguntava também se a pessoa tinha em algum momento colocado essas metas por escrito. Somente 3% dos formandos na universidade tinham escrito o que iriam fazer na vida. Vinte anos depois, todos foram novamente entrevistados. Pasmem: aqueles 3% dos alunos que tinham colocado suas metas por escrito valiam mais financeiramente do que os 97% juntos! E não foi só isso: eles eram os mais sadios, os mais alegres, bem-dispostos e satisfeitos com a vida entre todos os ex-alunos pesquisados.

Veja a importância de escrever as coisas importantes no papel. Se você pede um empréstimo no banco, tem de assinar notas promissórias e um contrato com testemunhas, fiadores, etc. Não é só chegar ao gerente, pegar o dinheiro e prometer devolver num tempo x.

Tudo o que é importante tem de estar por escrito. E a sua vida, não é importante? No entanto, se eu perguntar a um grupo de pessoas o que cada uma vai fazer daqui a um, dois, cinco ou 10 anos, a maioria dirá: "Não tive tempo para pensar".

Se você não teve tempo para pensar na coisa mais importante que é a sua vida, em que vai pensar, então?

Faça este exercício: escreva suas metas para os próximos seis meses, 12 meses, cinco anos, 10, 20 anos. Confie, ponha em prática, e depois veja os resultados...

* * *

Outras recomendações importantes — preste atenção:

A meta **tem de ser sua,** e não de outra pessoa. Certas pessoas respondem que escolheram estudar medicina porque esse era o desejo do pai delas. Ninguém tem direitos sobre a vida dos filhos: eles têm direito de fazer o que quiserem. Você pode desejar que seu filho faça medicina, mas impor, nunca! Quem assume para si uma meta que não é sua está comprando sua própria infelicidade.

A meta deve ser pessoal e o indivíduo tem de estar **comprometido** com ela. Estar comprometido é muito mais do que estar envolvido. No café da manhã de um hotel servem-se ovos com bacon: a galinha estava **envolvida,** fornecendo os ovos, ao passo que o porco estava **comprometido,** se tornando o *bacon.*

Uma meta deve **ser grande.** Grande mesmo! Se

você contá-la a um amigo e ele não acreditar, então, está de bom tamanho. Quando fui estudar na Universidade de Harvard, em 1976, eu disse a um colega: em três anos estarei ensinando cardiologia nos Estados Unidos. Ele riu e disse: "Você não sabe nem mesmo falar corretamente inglês". Não demorou três anos, e sim oito meses, quando fiz a primeira palestra para 400 cardiologistas em Washington, DC. Quando o meu amigo duvidou, eu sabia que estava no caminho certo. A meta tem de ser **específica.** O que você quer? Dinheiro? Ora, dinheiro você já tem no bolso. Ah, não! "Eu quero 50 mil dólares no banco." Agora, sim, o cérebro entende, pois o pedido é específico. O cérebro só entende a mensagem quando você fala exatamente o que você quer. Aí o subconsciente diz: "Perfeitamente, vamos providenciar".

A meta tem de ser **longa.** Você tem de ter um plano para a vida. Se não for assim, ficará muito chateado se seu chefe lhe chamar a atenção amanhã de manhã. No entanto, se seus projetos forem de longo prazo, você não vai se incomodar com o fato, pois está vendo mais longe, como quem sobe uma montanha para conhecer a paisagem. Você pode definir o que vai fazer daqui a cinco, 10, 15, 20 anos — não em detalhes irrelevantes, mas nos aspectos fundamentais. Com um bom plano de vida, pode-se dividir a caminhada para a meta em etapas anuais a serem conquistadas passo a passo, por meio de tarefas diárias. Não se pode simplesmente esperar o prazo chegar e de repente a meta é alcançada. Não é assim. Planeje com atenção e seriedade. Se você falha em planejar, está planejando em falhar.

Se alguém perguntar como fazer para chegar a um determinado lugar, eu perguntarei: **"Onde você**

está?" A maioria das pessoas diz o que quer, mas não tem a mínima idéia de onde está, quais são suas qualidades, seus potenciais.

Existem pessoas que têm um péssimo relacionamento matrimonial e nem percebem que seu casamento está ruim. Para conduzir o barco de sua vida, a primeira coisa a fazer é saber onde está. Depois, sabendo onde se quer ir, o cérebro o conduz até lá. Importante, também, é que o objetivo seja prático. Não pode ser algo abstrato, vago, e sim concreto, para ser real. Como sua vida vai melhorar quando você chegar lá? O que você vai fazer com o conhecimento novo?

Quando você diz: "Não quero ser igual ao meu pai", no seu cérebro projeta-se a imagem do seu pai e você fica igualzinho a ele. Seu subconsciente registra assim: "Sim senhor, igual a seu pai." Daí a importância de falar sempre no **sentido positivo.** "Eu quero ser magro", em vez de "Eu não quero ser gordo". Toda vez que você diz "Eu não quero ser gordo", o que seu cérebro visualiza é a gordura, então programa a gordura no seu corpo. Você é na vida aquilo que você se recusa a ser.

Os que são pais já viveram esta experiência: "Eu já disse mil vezes!", repetem os pais. "Não perturbe sua irmãzinha ...", e o menino continua perturbando. Também pudera, 90% da frase é: "Perturbe sua irmãzinha". A mesma coisa acontece com a frase: "Não quero que você assista à TV". Para "não assistir", o cérebro precisa assistir à TV. Para mudar a atitude de seus filhos, os pais precisam mudar primeiro a linguagem que usam. Em vez de dizer "Não faça isto", diga "Faça aquilo". Em vez de dizer "Não fique vendo TV", diga "Vá brincar lá fora". Isto pode mudar seu relacionamento com seus filhos. Imagine então seu relacionamento com o mundo, como poderá ser modificado quando você estabelecer metas positivas para a sua vida!

(In: *O Sucesso não Ocorre por Acaso,* dr. Lair Ribeiro, Objetiva, Rio de Janeiro, 1996.)

EMERSON (Ralph Valdo) - Ensaísta, conferencista, filósofo e poeta norte-americano, nascido na cidade de Boston. Estudou em Harvard, com a expectativa paterna de se tornar ministro religioso. Por algum tempo Emerson exerceu a função de pastor em sua cidade natal. Contudo, uma divergência doutrinária fê-lo desistir e retirar-se da Igreja. Desenvolveu a filosofia transcendentalista, exposta em suas obras *Natureza*, *Ensaios*, *Sociedade* e *Solidão*, entre outras. Segundo consta, o transcendentalismo exerceu grande influência sobre a vida intelectual norte-americana do século 19. (1803 - 1882)

"Uma pessoa inteligente sempre toma interesse em descartar seus pontos fracos e desenvolver seus pontos fortes."

O credo da ciência

Huberto Rohden

Meu caro amigo. Recebi tuas felicitações — muito obrigado.

Atingi o "vértice da pirâmide" — dizes.

Enchi de mil conhecimentos o espírito — é verdade.

Cinge-me a fronte o laurel de doutor — sou acadêmico.

Entretanto não me iludo...

Quase todo o humano saber — é crer...

Nossa ciência — é fé.

Creio no testemunho dos historiadores — porque não presenciei o que referem.

Creio na palavra dos químicos e físicos — porque admito que não se tenham enganado nem me queiram enganar.

Creio na autoridade dos matemáticos e astrônomos — porque não sei medir uma só das distâncias e trajetórias siderais.

Tenho de crer em quase todas as teses e hipóteses da ciência — porque ultrapassam os horizontes da minha capacidade de compreensão.

Creio até nas coisas mais cotidianas — na matéria e na força que me circundam...

Creio em moléculas e átomos, em elétrons e prótons — que nunca vi...

Creio nas emanações do rádium e nas partículas do hélium — enigmas ultramicroscópicos.

Creio no magnetismo e na eletricidade — esses mistérios de cada dia.

Creio na gravitação dos corpos sidéreos — cuja natureza ignoro.

Creio no princípio vital da planta e do animal — que ninguém sabe definir.

Creio na própria alma — esse mistério dentro do Eu.

Não te admires, meu amigo, de que eu, formado em ciências naturais, creia piamente em tudo isto...

Admira-te antes de que haja quem afirme só admitir o que compreende — depois de tantos atos de fé cotidiana.

O que me espanta é que homens que vivem de atos de crença descreiam de Deus — "por motivos científicos".

Homem! tu, que não compreendes o artefato — pretendes compreender o Artífice?

Que Deus seria esse que em tua inteligência coubesse?

Um mar que coubesse numa concha de molusco — ainda seria mar?

Um universo encerrado num dedal — que nome mereceria?

O Infinito circunscrito pelo finito — seria Infinito?

Convence-te, ó homem, desta verdade: só há duas categorias de seres que estão dispensados de crer: os da meia-noite — e os do meio-dia.

As trevas noturnas do irracional — e a luz

meridiana da Divindade...

O insciente — e o onisciente...

Aquele por incapacidade absoluta — este por absoluta perfeição...

O que oscila entre a treva total do insciente e a luz integral do onisciente — dever crer.

Deve crer, porque a fé se move nesse mundo crepuscular, eqüidistante do vácuo e da plenitude, da meia-noite e do meio-dia...

(In: *De Alma para Alma,* Huberto Rohden, Editora Martin Claret, São Paulo, 1998.)

"Quando amamos a nós mesmos, não permitimos que os outros controlem as nossas emoções. O perdão é o caminho para isso."

Wayne W. Dyer

O grande homem

Autor desconhecido

Mantém o seu modo de pensar independentemente da opinião pública.

É tranqüilo, calmo, paciente, não grita nem desespera.

Pensa com clareza, fala com inteligência, vive com simplicidade.

É do futuro, e não do passado.

Sempre tem tempo.

Não despreza nenhum ser humano.

Causa-lhe a impressão os vastos silêncios da Natureza: o Céu.

Não é vaidoso.

Como não anda à cata de aplausos, jamais se ofende.

Possui sempre mais do que julga merecer.

Está sempre disposto a aprender, mesmo das crianças.

Vive dentro de seu próprio isolamento espiritual, onde não chega nem o louvor nem a censura.

Não obstante, seu isolamento não é frio: ama, sofre, pensa, compreende.

O que você possui: dinheiro, ou posição social, nada significa para ele. Só lhe importa o que você é.

Despreza a opinião própria, tão depressa verifica o seu erro.

Não respeita usos estabelecidos e venerados por espíritos tacanhos.

Respeita somente a verdade.

Tem mente de homem e coração de menino.

Conhece-se a si mesmo, tal qual é, e conhece a Deus.

(In: *Sabedoria Universal*, Paulo Lotufo, Editora Brasipal, São Paulo, 1970.)

HUBERTO ROHDEN - Filósofo e educador brasileiro. Nasceu na cidade catarinense de Tubarão. Escreveu cerca de 50 obras sobre religião, ciência e filosofia. Em Princeton, conheceu Einstein, quando lançou os alicerces para o movimento mundial da Filosofia Univérsica. É biógrafo de Einstein, Pascal, Gandhi, Jesus de Nazaré e Paulo de Tarso, entre outros. Seu livro mais conhecido é *De Alma para Alma*. (1893 - 1981)

"Não descreias, nem desesperes, meu amigo! Crê e espera na vitalidade das idéias — e na vitória dos ideais! Um dia brotarão os germes que semeaste, ao menos em parte... Se no mundo físico não se perde um só átomo de matéria e força, como se perderiam, no mundo espiritual, tantas e tão poderosas energias?"

Napoleão e o medo

Paulo Coelho

O jovem Napoleão tremia como vara verde durante os ferozes bombardeios no cerco de Toulon. Um soldado, vendo-o assim, comentou com os outros:

— Repare, como ele está morto de medo!

— Sim — respondeu Napoleão — Mas continuo combatendo. Se você sentisse a metade do pavor que estou sentindo, já teria fugido há muito tempo.

Diz o mestre:

O medo não é sinal de covardia. É ele que nos dá possibilidade de agir com bravura e dignidade diante das situações da vida. Quem sente medo e apesar disso segue adiante, sem deixar-se intimidar, está dando uma prova de coragem. Quem, entretanto, enfrenta situações arriscadas sem dar-se conta do perigo, demonstra apenas irresponsabilidade.

(In: *Maktub,* Paulo Coelho, Editora Rocco, Rio de Janeiro, 1990.)

SHAKESPEARE (William) - Dramaturgo e poeta inglês, nascido em Stratford-on-Avon. O conhecimento sobre sua vida é escasso, dando origem a algumas versões desencontradas. É considerado o maior dramaturgo de todos os tempos. Shakespeare deixou dezenas de obras: poesias, tragédias e comédias. Entre as mais famosas figuram *Otelo* e *Romeu e Julieta*. (1564 - 1616)

"

Estamos nas mãos de Deus,
não nas dos inimigos;
por conseguinte,
continuemos marchando.

"

O renascimento do atleta mestre

Dan Millmann

Muitos dos atletas que vemos na televisão alcançaram um alto nível de boa forma física; porém muitos ainda não realizaram o seu potencial de atleta interior. Nas Olimpíadas, em Wimbledom ou em Pebble Beach, podemos ver muitos especialistas, mas relativamente poucos mestres. A história a seguir ilustra essa diferença.

Um dia, no Japão feudal, um mestre da cerimônia do chá percorria o mercado e colidiu com um samurai descontrolado. Imediatamente, o guerreiro exigiu uma desculpa pelo "insulto" na forma de um duelo mortal.

O mestre do chá não podia se recusar, embora não tivesse experiência com espadas. Ele perguntou se podia completar suas obrigações do dia antes de ir ao encontro do samurai para o duelo. Foi combinado que eles se encontrariam num pomar próximo no final da tarde.

Depois de terminar suas tarefas mais cedo, o mestre do chá foi visitar Miyamoto Musashi, famoso espadachim e pintor. O mestre do chá contou ao Mestre Miyamoto a sua situação e perguntou-lhe se ele podia ensinar-lhe como se comportar para morrer com honra.

"Trata-se de um pedido incomum", replicou Miyamoto, "mas ajudarei, se puder". Detectando um ar de compostura no pequeno homem que tinha à sua frente, Miyamoto lhe perguntou que arte ele praticava.

"Sirvo chá", replicou ele.

"Excelente! Então sirva-me chá!", disse Miyamoto.

Sem hesitar, o mestre do chá tirou seus utensílios de uma mochila e começou, com a maior serenidade e concentração, a realizar a graciosa e repousante cerimônia de preparar, servir e apreciar o *o-cha*, o chá verde.

Miyamoto ficou impressionado com a evidente compostura daquele homem na tarde de sua morte. O mestre do chá estava aparentemente livre de todos os pensamentos acerca do destino que o esperava dali a poucas horas. Ignorando pensamentos de medo, ele concentrava a sua atenção no momento presente de beleza.

"Você já sabe como morrer bem", disse Miyamoto, "mas você pode fazer o seguinte..." Então, Miyamoto o instruiu sobre como morrer com honra, terminando com as palavras "é provável que termine numa dupla morte".

O mestre do chá fez uma mesura e agradeceu ao espadachim. Com cuidado ele pegou seus utensílios de volta e foi para o duelo.

Ele viu o samurai esperando impacientemente, ansioso para acabar com o seu assassinatozinho. O mestre do chá aproximou-se do samurai, depositou seus utensílios no chão com a delicadeza que teria com um frágil bebê — como se esperasse apanhá-los novamente dali a poucos minutos. Então, tal como

Miyamoto sugerira, ele fez uma graciosa mesura diante do samurai, tão calmamente como se estivesse prestes a servir o chá. Em seguida, levantou a espada com um único pensamento em mente — golpear o samurai, fosse como fosse.

Enquanto fazia isso, com a espada levantada e a mente concentrada, ele viu o especialista em espadas arregalar os olhos de espanto, de perplexidade, de respeito, de medo. O espadachim já não via à sua frente um humilde homenzinho; via agora um guerreiro destemido, um oponente invencível que dominara o medo da morte. Levantada acima da cabeça do mestre do chá, rebrilhando rubra de sangue aos últimos raios do sol, o samurai viu a sua própria morte.

O espadachim hesitou por um momento, e, então, baixou a espada — e a cabeça. Ele pediu desculpas ao pequenino mestre do chá, que veio a ser o seu mestre na arte de viver sem medo.

Deixando os arbustos onde se escondera, Miyamoto espreguiçou-se com prazer, bocejando como um gato. Com um sorriso maroto, ele coçou o pescoço, virou-se e foi para casa tomar um banho quente, comer uma tigela de arroz e dormir sem sonhos.

Os mestres de uma arte dominaram os princípios interiores de todas as artes porque dominaram a si mesmos. Tendo controle sobre a mente e os músculos, eles demonstram força, serenidade e espírito. Eles não apenas têm talento para o esporte, como uma capacidade ampliada para a vida. Os especialistas brilham na arena de competição; os mestres brilham em toda parte.

(Do livro de Dan Millman, *O Atleta Interior,* publicado pela Editora Pensamento, São Paulo, 1996.)

SÃO FRANCISCO DE ASSIS - Religioso e místico italiano da Igreja Católica. Fundador da Ordem dos Frades Menores. De família rica, despojou-se de tudo para se dedicar ao ideal evangélico, fazendo votos de humildade, pobreza e castidade. Foi intenso pregador e fez incessantes viagens missionárias. É um dos santos da Igreja Católica mais venerados em todo o mundo. Foi consagrado pelo Papa Pio XII como padroeiro da Itália e canonizado pela Igreja em 1939. De suas mensagens destacamos *O Cântico do Irmão Sol*. (1182 - 1226)

"Aqueles que amam ser temidos temem ser amados, e eles próprios são mais medrosos do que todos, porque enquanto os outros homens temem apenas a eles, eles temem a tudo."

Meu credo

John D. Rockeffeller Jr.

Creio que a Lei foi feita para o homem, e não o homem para a Lei; que o governo é o servo do povo e não o seu senhor.

Creio que a economia é essencial a uma existência bem organizada, sendo requisito primordial para uma estrutura financeira sólida, seja para os governos, para os negócios ou para os indivíduos.

Creio que prestar serviços é o dever comum da humanidade e que somente o fogo purificador do sacrifício consome a escória do egoísmo e revela a grandeza da alma humana.

Creio que há um Deus todo amor e todo poderoso, qualquer que seja seu nome, e que, para cumprir sua suprema missão, conseguir sua maior felicidade e tornar-se inteiramente útil, o homem precisa viver em harmonia com a vontade divina.

Creio que nada é mais grandioso que o amor; que somente o amor sobrepuja o ódio; que o direito pode triunfar e triunfa sobre a força.

Creio na dignidade do trabalho, físico ou mental; o mundo deve a todo homem uma oportunidade para ganhar a vida.

Creio no valor supremo do indivíduo e no seu direito à vida à liberdade e à busca da felicidade.

Creio que a justiça e a verdade são os fundamentos da ordem social duradoura.

Creio que o prometido é sagrado, que a palavra de um homem deve valer tanto quanto as suas obrigações; que o seu caráter — e não sua riqueza, seu poder ou sua posição — é o supremo índice do seu valor.

Creio que todo direito implica uma responsabilidade; toda oportunidade, uma obrigação; toda posse, um dever.

(In: *Sabedoria Universal*, prof. Paulo Lotufo, Editora Brasipal, São Paulo, 1970.)

CHARLES CHAPLIN - Cineasta, ator e escritor inglês, nascido em Walworth, Londres. Por unanimidade é considerado um dos maiores gênios da sétima arte. Produziu mais de uma centena de filmes. Seu personagem mais famoso é Carlitos, que se destacou no cinema mudo, continuando sua fama após o advento do cinema falado. Chaplin foi agraciado com muitas condecorações, entre elas o grau máximo de Cavaleiro, pela rainha Elizabeth, da Inglaterra, o que lhe deu o título de *Sir*. (1889 - 1977)

“

A vida é maravilhosa quando não se tem medo dela.

”

Quatro fábulas de Esopo

*Tradução direta do grego, introdução e notas por Neide Smolka**

A águia, a gralha e o pastor

Uma águia precipitou-se do alto de um rochedo e arrebatou um cordeiro. Uma gralha, estimulada pelo que vira, quis imitá-la. Então desceu ela própria e se atirou ruidosamente sobre um cordeiro. Como, porém, suas garras se emaranhassem nos tufos de lã, ficou batendo as asas sem poder soltar-se, até que o pastor, percebendo o que acontecia, correu, pegou-a, aparou-lhe as asas e, quando chegou o fim

---

* Doutora em língua e literatura grega pela Universidade de São Paulo.

do dia, levou-a para seus filhos. Como estes lhe perguntassem que pássaro era aquele, disse o pastor: "Pelo que sei, sem dúvida é uma gralha, mas quer ser uma águia".

É assim qualquer luta contra os mais fortes: não se chega a nada e o que se consegue é que riam de nossa infelicidade.

O pescador que toca flauta

Um pescador, hábil em tocar flauta, pegou suas flautas e suas redes e lançou-se ao mar. Colocando-se sobre um rochedo saliente, pôs-se primeiro a tocar, julgando que os peixes, por si sós, pela doçura dos sons, saltariam da água e iriam até ele. Como, porém, apesar de seu grande esforço, não atingisse o seu intento, deixou de lado as flautas, pegou a tarrafa e, tendo-a atirado na água, pegou muitos peixes. Jogou-os da rede para a margem e, ao ver que eles se agitavam, disse: "Ó malditos animais, vocês, quando eu tocava flauta, não dançavam, e agora, quando parei, o fazem".

A fábula se aplica aos que fazem algo fora do tempo.

A raposa e o cacho de uvas

Uma raposa faminta, ao ver cachos de uva suspensos em uma parreira, quis pegá-los, mas não conseguiu. Então, afastou-se dela, dizendo: "Estão verdes".

*Assim, também, alguns homens não conseguindo realizar seus negócios por incapacidade, acusam as circunstâncias**.

* A lição de moral dessa fábula tão conhecida diz, em síntese, que, se alguém não conseguiu algo, foi porque as circunstâncias não ajudaram. A idéia de *desprezo*, que se incorporou a essa fábula — "as uvas estão verdes, não prestam" —, surge primeiramente no texto de Fedro, em cuja lição de moral aparece o verbo latino *elevare*, que significa "menosprezar". Essa mesma moral passou a ser mantida pelos fabulistas seguintes.

O leão, o lobo e a raposa

Um leão, tendo envelhecido, estava doente deitado em seu antro. Haviam visitado o seu rei todos os outros animais, menos a raposa. Então, o lobo, julgando a ocasião favorável, acusou a raposa diante do leão, por não ter tido absolutamente nenhuma consideração para com o senhor de todos. Nesse momento, apareceu a raposa e ouviu as últimas palavras do lobo. Então, o leão rugiu contra ela, que pediu o direito de se defender: "Qual dos animais aqui reunidos te serviu mais do que eu, que, junto aos médicos, procurei e encontrei um remédio para ti?" E, como o leão logo lhe ordenou que dissesse que remédio era aquele, a raposa disse: "É, tendo tirado a pele de um lobo vivo, cobrir-te com a pele dele ainda quente". Imediatamente o lobo foi morto, e a raposa rindo, disse: "Não se deve tratar o senhor com hostilidade, mas com doçura".

A fábula mostra que quem conspira contra os outros, faz o ardil voltar-se contra si mesmo.

(In: *Esopo - Fábulas Completas,* Neide Smolka: Editora Moderna São Paulo, 1994.)

“

Pensemos fortemente pensamentos de ternura. Eles ficarão no ar à espera dos espíritos mansos que nascerão amanhã.

”

Paulo Bonfim

Ele nunca desistiu

1831 - Fracassou nos negócios.
1832 - Derrotado para a legislatura.
1833 - Novamente fracassou nos negócios.
1834 - Eleito para a legislatura.
1835 - A noiva morreu.
1836 - Teve um esgotamento nervoso.
1838 - Derrotado como orador.
1843 - Derrotado para o Congresso.
1846 - Eleito para o Congresso.
1848 - Derrotado para o Congresso.
1855 - Derrotado para o Senado.
1856 - Derrotado para vice-presidente.
1858 - Derrotado para o Senado.
1860 - Eleito Presidente.

Sim, Abraham Lincoln nunca desistiu!

NAPOLEON HILL - Escritor norte-americano, nasceu em Wire County, Virgínia. Desde a década de 20, quando publicou seu primeiro livro com mensagens de estímulo, otimismo e autoconfiança, Napoleon Hill, um orador inspirado, motivou milhões de pessoas a assumir o comando de suas vidas e a criar para si mesmas o futuro que desejavam. Em sua obra-prima *Pense e Enriqueça,* Hill transmite uma mensagem de esperança, apoiada em princípios viáveis. Escreveu também *Law of Sucess* (1928), *A Escada Mágica Para o Sucesso* (1930), *Mental Dypramite* (1941) e *How To Raise Your Own Salary* (1953). (1883 - 1970)

"

O criador deu ao homem a prerrogativa de poder sobre sua própria mente. Deve ter sido propósito do Eterno encorajar o homem a viver sua própria vida, ter pensamentos próprios, caminhar com seus próprios pés e alcançar seus objetivos. Aceitando esta prerrogativa, você pode trazer saúde, riquezas, felicidades, paz de espírito à sua vida.

"

Atire-se com confiança

Norman Vincent Peale

Sempre que vem à baila o assunto confiança, minha mente se reporta a Vince Lombardi, um dos maiores treinadores de futebol da história do esporte americano. Conheci-o bem. Que homem! Ele me inspirava, tal como inspirava a tudo e a todos — jogadores e aficcionados, indistintamente. Há muito tempo eu admirava Vince Lombardi, sabedor de suas qualidades de feitor enérgico e duro com seus jogadores. Antes de conhecê-lo pessoalmente, eu o imaginara um indivíduo de personalidade irritadiça. Ao invés, encontrei uma pessoa afável e de fino trato. Posteriormente transmiti minhas impressões a um de seus pupilos. Grunhiu este: — Diabo, você não joga para ele!

— Uma coisa eu sempre exijo antes de mais nada — disse-me Lombardi. — É ganhar. Não tem sentido disputar uma partida a não ser que se pretenda vencê-la. Todo nosso jogo, nosso trabalho, nosso raciocínio... tudo... tem de estar sintonizado na vitória.

Com relação ao trabalho do treinador, ele disse:

— O importante é fazer homens... homens que tenham vontade de ganhar e estejam dispostos a dar tudo por uma vitória. O importante é fazer homens que acreditem em si próprios, no seu time, e que pensem sempre com confiança. Aqueles que acreditam acabam com toda e qualquer dificuldade.

Vince Lombardi acreditava que a aplicação de regras disciplinares rígidas ajudava muito no processo de fazer homens fortes e jogadores extraordinários.

— Quem trabalha para mim — dizia ele com firmeza aos pupilos — tem de pensar em três coisas apenas: Deus, a família e os Green Bay Peckers... nessa ordem.

Jerry Kramer, defensor dos Green Bay Peckers, escreveu um livro intitulado *Instant Replay: The Green Bay Peckers Diary of Jerry Kramer.* Ele recorda os conselhos que Lombardi deu aos seus zagueiros, certo dia:

— Este é o jogo do abandono. Não liguem para ninguém nem para coisa alguma; e quando estiverem próximos da linha de gol intensifiquem ainda mais seu abandono. Nada, nem um tanque, nem um muro de granito, nada poderá impedi-los de cruzar a linha de gol!

Não é de admirar que os Green Bay Peckers sob a inspirada liderança de Lombardi se tenham tornado uma das mais formidáveis equipes da história do nosso futebol! E, pensando bem, não é assim que conseguimos fazer alguma coisa nas nossas profissões também? Não podemos perder tempo com hesitações. Temos de nos atirar à obra com abandono total. Temos de nos dar por inteiro, sem nada negar. Tomamos a decisão de ganhar, tão-somente isso. Acreditamos em nós mesmos. Temos confiança própria. E, como sabemos, a confiança produz resultados. Seu magnetismo é poderoso.

Um homem que conheci durante uma convenção de vendedores afirmou que a melhor coisa que lhe acontecera foi quando teve essa idéia dinâmica acerca do abandono: dar-se todo, concorrer e triunfar. Hoje em dia ele é um dos maiores promotores de vendas de uma grande companhia. E a situação, assegurou-me ele, é precisamente o oposto do que acontecia anteriormente.

— Durante muitos anos, fui um fracasso quase total. E vivia amargurado e cheio de queixas também. Achava que a vida não me tratava bem e andava sempre à cata de melhores oportunidades. Mas as oportunidades não vinham. Eu tinha perdido toda a fé em mim mesmo. Sabia que não tinha futuro. Então ouvi alguém dizer que era inútil ficar esperando que a vida fizesse algo mais pela gente. Pois ela não o fazia enquanto não tratássemos de lhe dar mais de nós mesmos. Eis a grande pergunta que a vida nos faz a todos: Você acredita mesmo em si? Apenas os que acreditam colhem louros na vida.

— Pois bem, era exatamente isso o que eu não vinha fazendo. Eu era tudo menos crente em mim mesmo e, sem dúvida, não andava colhendo louro algum. De repente, porém, comecei a ver-me de forma inteiramente nova. Percebi quão fracassado era. E a solução, embora nem um pouco fácil, também não era complexa. Simplesmente tomei a decisão de que passaria a dar à minha carreira de vendas tudo de mim. Passaria a acreditar nela e em mim mesmo. "Crença e ação" foi o *slogan* que adotei.

(In: *Você Pode, se Acha que Pode,* Norman Vincent Peale, Cultrix, São Paulo, 1965.)

HENRY FORD - Industrial norte-americano, nascido em Greenfild Village, Michigan. Colocou o automóvel ao alcance da classe média e revolucionou o modo de vida norte-americano. Foi a grande figura propulsora do desenvolvimento vertiginoso da indústria automobilística. Seu método de produção em massa (denominado fordismo), foi imitado por outras indústrias e por outros países. É considerado o maior gênio industrial do século. (1863 - 1974)

"Para seu próprio bem, pense no melhor, procure ser melhor e melhor você será."

Regime para uma saúde melhor

Dr. Linus Pauling

As medidas que você tome para melhorar a saúde e prolongar a vida não devem ser penosas e desagradáveis, a ponto de interferirem seriamente na qualidade de sua vida e tornando difícil continuar com o regime, dia após dia ano após ano. A tolerância é muito importante. O regime descrito nos parágrafos seguintes é de natureza tal que lhe será possível segui-lo rigorosamente dia após dia para o resto da vida.

O regime não inclui todas as medidas de saúde de que tenho conhecimento. Além disso, não leva em consideração as necessidades nutricionais especiais dos indivíduos. Por exemplo, pessoas com tendência à artrite podem se beneficiar aumentando as doses de vitamina C, niaciamida e vitamina B_6. O regime não é específico; ao contrário, é tão comum e básico que deve beneficiar praticamente todas as pessoas nos Estados Unidos. Benefícios adicionais podem resultar de mudanças realizadas como reação à individualidade bioquímica. As etapas do regime são as seguintes:

1. Tome vitamina C todos os dias, de 6 a 18 gramas (g), isto é, de 6000 a 18000 miligramas (mg) ou mais. Não esqueça um dia sequer.
2. Tome vitamina E todos os dias, 400 UI, 800 UI ou 1600 UI (UI significa Unidade Internacional, a quantidade de vitamina ou outra substância especificada de acordo com a convenção internacional adotada pela OMS).
3. Tome um ou dois comprimidos de Super-B todos os dias, para obter boas quantidades das vitaminas B.
4. Tome um comprimido de 25000 UI de vitamina A todos os dias.
5. Tome um complemento mineral todos os dias, como um comprimido de fórmula vitamínica mineral Bronson, que proporciona 100 mg de cálcio, 18 mg de ferro, 0,15 mg de iodo, 1 mg de cobre, 25 mg de magnésio, 3 mg de manganês, 15 mg de zinco, 0,015 mg de molibdênio, 0,015 mg de cromo e 0,015 mg de selênio.
6. Mantenha seu consumo habitual de açúcar comum (sacarose, açúcar bruto, açúcar mascavo, mel) em cerca de 22 kg por ano, que é a metade da média atual dos norte-americanos. Não coloque açúcar no chá ou no café. Não coma alimentos com alto teor de açúcar. Evite as sobremesas doces. Não beba refrigerantes.
7. Com exceção do açúcar, coma o que quiser — mas sem exagero. Carnes e ovos são alimentos bons. Você também deve comer frutas, verduras e legumes. Não coma a ponto de se tornar obeso.
8. Beba bastante água todos os dias.
9. Mantenha-se ativo; faça exercícios. Em nenhu-

ma ocasião se esforce fisicamente além do que você está acostumado.

10. Beba aperitivos alcoólicos apenas com moderação.
11. **Não Fume.**
12. Evite a tensão. Trabalhe no que você gosta. Seja feliz com sua família.

O ponto mais importante desse regime são os complementos vitamínicos. Tomá-los não precisa ser algo penoso. É simples formar o hábito de tomar vitaminas todos os dias, e é importante que o façamos.

A grande vantagem desse regime sobre outros métodos propostos para se prolongar a vida e melhorar a saúde é que ele é fortemente baseado na nova ciência da nutrição que vem se desenvolvendo nos últimos anos. A grande diferença entre a ciência atual e a nutrição antiga é o reconhecimento de que as vitaminas tomadas em quantidades adequadas têm muito mais valor do que quando tomadas nas pequenas quantidades normalmente recomendadas. Além do mais, com a dose adequada de vitaminas complementares, deixa de existir tanta necessidade de reforçar outras medidas dietéticas, como diminuir a quantidade de gordura animal e não comer ovos. O regime que recomendo admite a tolerância dia após dia, ano após ano. Um regime penoso e desagradável não será seguido por muitas pessoas. A qualidade da vida que se leva é melhorada quando se está livre de certas restrições dietéticas.

(In: *Como Viver Mais e Melhor,* dr. Linus Pauling, Editora Best Seller, São Paulo, 1988.)

NORMAN VINCENT PEALE - Pastor e escritor norte-americano, nascido em Ohio. Nos Estados Unidos é chamado ministro de "milhões de ouvintes" e doutor em "terapêutica espiritual". Autor de duas dezenas de livros, inclusive o best seller mundial *O Pensamento Positivo.* Pregador espiritual, propagou seus ensinamentos através de programa de rádio e televisão. (1898 - 1991)

"Mantenha a idéia de prosperidade e de boas realizações. São coisas que devem ficar fixadas no espírito. Se lhe assalta o espírito um pensamento derrotista, repila-o com uma afirmação positiva."

A vitória da vida

Autor desconhecido

Pobre de ti se pensas ser vencido!
Tua derrota é caso decidido.
Queres vencer, mas como em ti não crês,
Tua descrença esmaga-te de vez.
Se imaginas perder, perdido estás.
Quem não confia em si, marcha para trás;
A força que te impele para a frente
É a decisão firmada em tua mente.

Muita empresa esboroa-se em fracasso
Inda antes do primeiro passo;
Muito covarde tem capitulado
Antes de haver a luta começado;
Pensa em pequeno, e irão depressa ao chão.
O querer é o poder arquipotente,
É a decisão firmada em tua mente.

Fraco é aquele que fraco se imagina,
Olha ao alto o que ao alto se destina
A confiança em si mesmo é a trajetória
Que leva aos altos cimos da Vitória.
Nem sempre o que mais corre a meta alcança,
Nem mais longe o mais forte o disco lança,
Mas o que, certo em si, vai firme e em frente,
Com a decisão firmada em sua mente...

OSCAR WILDE - Escritor, dramaturgo, conferencista e crítico literário. Nasceu em Dublin, Irlanda. Estudou em Oxford. Em virtude de sua personalidade contestadora, se indispôs com a aristocracia britânica. Foi acusado por crimes de natureza sexual e, após julgamento, preso e condenado a trabalhos forçados. Entre suas muitas obras destaca-se o romance *O Retrato de Dorian Gray*. Morreu na França, para onde fora após ter saído da prisão inglesa. (1855 - 1900)

“

Amar-se a si mesmo é o começo de uma aventura que dura a vida inteira.

”

"Existe um lugar dentro de cada um de nós que está totalmente unido à infinita sabedoria do Universo. Nesse lugar ficam as respostas para todas as perguntas que possamos fazer. Aprenda a confiar no seu eu interior."

Louise L. Hay

Autoconfiança e a livre iniciativa

Trecho da declaração do presidente dos Estados Unidos, Abraham Lincoln, no Congresso em 1860

Não se pode

- criar a prosperidade, desencorajando a poupança;
- fortalecer o fraco, enfraquecendo o forte;
- ajudar o assalariado, destruindo o patrão;
- favorecer a fraternidade humana, encorajando a luta de classes;
- ajudar os pobres, arruinando os ricos;
- evitar aborrecimentos, gastando mais do que se ganha;
- formar o caráter e a coragem, desencorajando a iniciativa e a independência;
- ajudar continuamente os homens fazendo por eles o que eles próprios poderiam fazer.

(In: *A Sua Liberdade Financeira,* André Blanchard, Editora Gente, São Paulo, 1993.)

VOLTAIRE (François-Marie Arouet) - Filósofo, escritor e poeta francês. Foi um reformador, envolvido também com a política. Era por vezes espirituoso e maldoso em suas críticas à Corte francesa. Devido a essas críticas, esteve preso na Bastilha, prisão política muito temida na França. Segundo consta, o pseudônimo "Voltaire" foi adotado após sua saída da Bastilha. Escreveu muitas obras, e entre elas a mais famosa é *Candide* (*Cândido, ou o otimismo*). (1694 - 1778)

“

O sucesso foi sempre a criação da ousadia.

”

A importância da auto-afirmação

Eneida Lermen

Afirmar significa declarar, confirmar, comprovar. Como todos somos únicos, não existem duas pessoas iguais no mundo: auto-afirmar-se é demonstrar essa singularidade, é cumprir o objetivo da vida — declarar a sua existência em todas as suas particularidades e complexidades.

A auto-afirmacão adquire uma conotação negativa quando, popularmente, se diz que uma pessoa está se auto-afirmando ao expressar suas opiniões com arrogância ou prepotência, ou quando demonstra vontade de dominar e manipular, quando parece exigir que todos concordem com suas opiniões. Na verdade, ao agir assim, esse tipo de pessoa está se defendendo de um enorme sentimento de impotência, de insegurança e de medo, que lhe impedem de se auto-afirmar.

Muitas pessoas, a grande maioria, sentem enorme dificuldade em se posicionar na vida, em se auto-afirmar. Encontram dificuldade para manifestar opiniões, para tomar decisões. Gostariam de passar a vida escondidas numa toca.

Algumas são incapazes de recusar qualquer

pedido, são incapazes de dizer "não". Colocam-se em situações muito delicadas em função dessa dificuldade, ou são manipuladas, usadas, ou acabam sendo rotuladas de mentirosas, sem-caráter, sem opinião e sem palavra.

O que poucos percebem é que não nos comunicamos apenas com palavras. Todo o nosso corpo, mente e energia falam. Então, quando se está sendo incoerente, o interlocutor recebe dupla mensagem: o que você diz e o que você pensa, sente ou deseja. Isso causa a maior parte das dificuldades de relacionamento. Você se violenta na tentativa de agradar o outro e acaba não conseguindo porque o outro, de algum modo, percebe que você não está sendo verdadeiro.

Uma das piores opções que se pode fazer na vida é viver em função do amor e de outrem. Viver tentando, fazendo de tudo para ser amado por todos. Isso, ao final, produz uma frustração enorme: mesmo quando você é amado, fica sem saber se é amado pelo que é realmente ou pelo que faz para ser amado.

Faça a opção certa: ame primeiro a si mesmo. O amor pelos outros e o amor destes por você será uma conseqüência disso.

Seu compromisso primordial é com você mesmo. Seu objetivo de vida é expressar o seu "Eu", e você faz isso ao posicionar-se, ao decidir e dirigir sua vida.

Toda vez que um "sim" comprometa, prejudique ou se interponha à sua meta, ao seu objetivo maior, a resposta a ser dada é um "não".

Conscientize-se de que até mesmo a omissão é uma opção, em que você escolhe deixar que os outros decidam em seu lugar. Ninguém faz nada a você sem a sua permissão. Se você não estiver apoiado em alguém, esse alguém não poderá provocar a sua queda.

- Retome o assunto que trata do funcionamento da mente, especialmente do nível consciente, destino e mudança.
- Descubra quais são seus temores e empenhe-se na tarefa de superá-los.
- Reveja atentamente o temor da perda do amor e o temor a críticas.
- Ative e estimule intensamente a autoconfiança e o amor-próprio.
- Canalize visando a deixar fluir o nível de Consciência Cósmica.

(In: Eneida Lermen, *Se Você Quer, Você Pode,* Editora Cultrix, São Paulo, 1994.)

AUSTREGÉSILO DE ATHAYDE - Escritor brasileiro, professor, conferencista, orador, jornalista, membro e presidente da Academia Brasileira de Letras até 1993. Nasceu na cidade de Caruaru (Pernambuco). Entre suas muitas atividades, foi delegado do Brasil na III Assembléia da ONU, em Paris, e membro da Comissão que redigiu a Declaração Universal dos Direitos Humanos. Está entre os brasileiros ilustres mais laureados e condecorados do país e do exterior. As láureas e condecorações nacionais ultrapassam a casa dos trinta e as estrangeiras são mais de vinte. Entre suas obras encontra-se *Filosofia dos Direitos Humanos*. (1898 - 1993)

"

Tenhamos confiança absoluta nas energias da vontade. Saber querer é o sagrado mister dos corações sensíveis.

"

Meta que vale a pena alcançar

Palavras de Marco Aurélio

Do meu Avô — Costumes sem mácula; jamais demonstrar impaciência.

De meu Pai — Ser modesto e ter firmeza varonil.

De minha Mãe — Não praticar jamais o mal, nem sequer tê-lo em Pensamento; viver com frugalidade e fugir sempre das riquezas e do luxo.

Do meu Preceptor — Não ser nunca tomado pela paixão nas carreiras do Circo. Trabalhar com paciência, saber servir-me a mim mesmo, não empreender muitos negócios ao mesmo tempo e desconfiar dos delatores.

De Diógenes — Tolerar que outrem julgue a mim com inteira liberdade.

De Rústico — Habituar-me à idéia da necessidade da correção do caráter e vigilância das inclinações. Não me deixar levar pela vaidade de exercer serviços públicos. Saber perdoar voluntariamente as injúrias.

De Apolônio — Saber ser livre, constante, resoluto, sem apartar-me jamais da razão. Corresponder aos favores que eventualmente nos fizerem os amigos, mas nem com oportunismo nem com ingratidão.

De Sexto — Viver de acordo com as leis da natureza. Nunca demonstrar estar tomado pela cólera.

De meu Irmão Severo — Saber amar ao próximo, a verdade e a justiça.

De Tito Antônio — Saber ser trabalhador e constante.

(In: *Sabedoria Universal*, prof. Paulo Lotufo, Editora Brasipal, São Paulo, 1970.)

CERVANTES (Miguel de) - Escritor e poeta espanhol. Nasceu em Alcalá de Henares, Castilha. Participou de combates e foi herói de guerra, tendo perdido a mão esquerda com um tiro de arcabuz, num combate travado em Lepanto (Costa da Grécia). Escreveu muitas obras, e entre elas a obra-prima *D. Quixote*. Ao final de sua vida, recolheu-se a um mosteiro, integrando-se à Ordem Terceira de São Francisco. (1547 - 1615)

"

O significado da verdadeira coragem está entre os extremos da covardia e da impetuosidade.

"

O sucesso e a autoconfiança

Harold Kushner

Se você pudesse viver sem limites, fazer qualquer coisa, ir a qualquer lugar, obrigar qualquer pessoa a cumprir suas ordens, você seria feliz? Seria capaz de usar todo este poder de forma a dar significado e satisfação permanentes a sua vida?

Um dos clássicos da literatura mundial, o poema dramático *Fausto*, de Goethe, a história do homem que vendeu sua alma ao demônio, aborda esta questão. O Dr. Fausto, herói do poema, é um estudioso e cientista de meia-idade, que está próximo a perder a esperança de vir a aprender o verdadeiro significado da vida. Começa a temer que chegará ao fim como um homem instruído e honrado, mas sem ter jamais experimentado a sensação de estar realmente vivo. É por isto que faz seu desesperado pacto com o demônio, prometendo-lhe a alma por toda a eternidade em troca de um só momento tão maravilhoso que o faça dizer: "deixe que este momento se prolongue, pois ele é tão bom".

O poeta alemão Goethe passou toda a vida escrevendo sua obra-prima. Queria que ela fosse sua principal declaração sobre o significado da vida, a obra-prima literária que explicasse o sentido de sua própria vida. Começou a escrevê-la aos vinte anos, abandonou-a para se dedicar a outros projetos e voltou a ela aos quarenta (em vista da sua reação pela chegada da meia-idade, pode-se adivinhar). Quando a completou, estava já próximo à morte, aos oitenta e três anos. Embora não possamos ter certeza da idade de Goethe ao escrever cada linha, é fascinante acompanhar a maneira pela qual as idéias do herói sobre o que fazer de sua vida evoluem do começo ao fim da história.

No início do drama, Fausto, na meia-idade, descrito pelo jovem Goethe, quer experimentar tudo, viver sem limites. Quer ler todos os livros, falar todas as línguas, provar todos os prazeres. Quer ser como Deus, ultrapassando as limitações humanas. E o demônio tudo lhe dá — riquezas, poder político, capacidade de viajar para todos os lugares e de ser amado por qualquer mulher que deseje. Fausto tudo faz e ainda assim não é feliz. Por mais riquezas que acumule, por mais mulheres que seduza, há dentro dele uma permanente insatisfação.

Quando chegamos ao final da obra, Goethe já tem mais de oitenta anos e seu herói envelheceu com ele. Em lugar de vencer lutas e conquistar jovens mulheres, Fausto passa a se dedicar a construir diques, tomando a terra do mar para que nela as pessoas possam viver e trabalhar. Em vez de tentar ser como um Deus poderoso e sem limites, tudo vendo e controlando, ele se torna parecido com Deus, um Deus de criação, separando a água da terra e plantando jardins para que as pessoas possam trabalhar neles. E pela primeira vez Fausto pôde dizer: "deixe que este momento se prolongue... ele é tão bom!".

Quando somos jovens, perseguimos o sucesso pelo que ele parece ser. Queremos saber até que ponto somos capazes. Um homem vende sua casa e muda-se para outra comunidade, pedindo à sua esposa e seus filhos que se ajustem a novos amigos e novas escolas, porque uma promoção em seu trabalho assim o exige. Um jovem atleta do curso secundário adia a entrada na Universidade para tentar sua sorte como profissional. Pode ou não fazer sentido do ponto de vista financeiro, mas neste estágio de nossas vidas, é-nos difícil resistir aos desafios. Não são apenas as recompensas pelo sucesso que nos atraem; o sucesso por si só é a recompensa. Queremos descobrir onde nossa habilidade pode nos conduzir.

E então as coisas começam a mudar. Em lugar de vermos a vida como uma luta e a vitória como um fim em si mesmo, começamos a perceber o sucesso como um meio para um fim. Em vez da pergunta "até onde sou capaz de ir?", começamos a pensar em qual o tipo de vida me conduzirá onde quero chegar. A moca atraente pára de pensar nos homens que conhece como prova de sua popularidade e começa a se perguntar que espécie de marido e pai cada um deles seria, que tipo de lar ela poderia ter com cada um deles. O executivo empedernido se torna menos interessado com a próxima promoção na hierarquia de sua empresa, e passa a se preocupar em encontrar uma forma de traduzir seu sucesso numa maneira de viver em que se sinta bem.

(In: *Quando Tudo não é o Bastante*, Harold Kushner, Nobel, São Paulo, 1997.)

GOETHE (Johann Wolfgang) - Escritor, pintor, músico e cientista alemão. Nasceu na cidade de Frankfurt. É considerado um dos homens mais versáteis do século 18. Dedicou-se às pesquisas biológicas e botânicas. Foi também administrador do ducado de Weimar, a convite do duque daquela cidade. Em Weimar concluiu o estudo (de longos anos) a que deu o nome de *Teoria das Cores*. Sua obra mais conhecida é *Fausto*. (1749 - 1832)

"A fé tem em si Gênio, Força e Energia que facilitam a realização dos nossos anseios."

Para triunfar

Professor Paulo Lotufo

1. Nunca revele mau humor.
2. Nunca demonstre inveja ou ciúme.
3. Seja amável, tolerante e autoconfiante.
4. Guarde consigo as idéias desagradáveis.
5. Não diga a ninguém uma verdade dura de ouvir; sempre que tiver de falar, faça-o como a um amigo.
6. Não faça observações que não faria na presença da pessoa a que se refere.
7. Não externe juízos que, no caso de serem respeitados, possam provocar inimizade.
8. Não critique o marido perante a esposa, nem a mulher perante o marido, ou o pai perante o filho, o filho perante o pai, e nem pessoa alguma perante um amigo ou parente.
9. Não trate de qualquer assunto que não conheça bem.
10. Nunca faça gracejos que possam molestar alguém mesmo ausente.
11. A quem acabe de ser apresentado, nada diga que não seja digno de ser repetido diante de uma senhora.
12. Não faca promessa sem saber se é capaz de

cumpri-la; uma vez feita, nunca deixe de a cumprir.

13. Cumpra a sua palavra com presteza. Não podendo fazê-lo, explique-o à pessoa interessada.
14. Não engane os seus credores.
15. Não seja desinteressante ou cansativo.
16. Coloque em plano secundário as preocupações de prazer.
17. Permita que os outros tenham opinião.
18. Encare as coisas como elas são: "Fale delas conforme as vê, desde que a bondade e o bom senso o permitam".
19. Ponha o coração no aperto de mão.
20. Seja cortês tanto para os que estão abaixo, como para os que estão acima.
21. Respeite direitos e sentimentos alheios.
22. Procure sempre ser agradável, evitando incomodar ou contrariar as pessoas com quem conversa.
23. Não contradiga o interlocutor irritado.
24. Não discuta, nem na rua, nem em casa.
25. Não ridicularize os homens por suas teorias, nem as mulheres por sua vaidade.
26. Nunca ridicularize o modo de uma pessoa andar, vestir ou falar.
27. Nunca se ria de fraqueza alheia.
28. Nunca zombe de coisa alguma. A zombaria é a risada do demônio.
29. Nunca mostre desprezo por ninguém.
30. Nunca dê ordens ao acaso ou de maneira pouco cortês. O seu empregado também é criatura humana.
31. Seja absolutamente honesto em toda parte.

32. Cultive a generosidade do bolso e do pensamento.

33. Se tiver uma função que o obrigue a tratar com o público, nunca se mantenha em atitude de rei.

34. Nunca deve uma mulher andar pela rua como se fosse um anjo extraterreno, a quintessência da criação. Lembre-se de que, embora linda, não passa de mulher, tendo, como todos os vertebrados, ossos, gorduras, sangue, nervos, fraquezas e defeitos.

35. Nunca se oponha com vigor, salvo em questões de princípios. Mesmo assim, mantenha o seu ponto de vista, procurando conquistar a adesão alheia, e não provoque a indiferença de terceiros.

36. Nunca faça juízo de outrem sem primeiro, mentalmente, colocar-se no seu lugar.

37. Nunca profira qualquer julgamento sem a convicção de que algum bem dele decorra, ou de que isso satisfaça às exigências razoáveis de um princípio definido.

38. Nunca deixe que a sua opinião a respeito de alguém obscureça as boas qualidades desse mesmo alguém.

39. Nas discussões, nunca interrompa quem estiver falando, e nunca fale em voz alta. Se não puder falar sem interromper, retire-se ou fique quieto. Um indivíduo que não se dispõe a lhe ouvir as palavras não vale o trabalho de uma argumentação.

40. Não contradiga os outros sem usar uma palavra de reconciliação.

41. Nunca insista em tratar com quem evidente-

mente não o quer ver, a menos que se trate de autoridade, advogado ou médico.

42. Ao visitar uma pessoa que esteja ocupada, ainda que esta faça esforço de polidez para o atender, deixe-a tão depressa e tão delicadamente quanto possível; volte em melhor oportunidade.
43. Não procure manter relações com os loucos.
44. Nunca tente convencer um imbecil. É sempre melhor deixá-lo só.
45. Nunca venda a um homem coisa que ele não deseja.
46. Nunca venda artigos inferiores, fazendo acreditar que são de qualidade superior.
47. Não peça favores a uma pessoa a quem não tenha dispensado o devido tratamento.
48. Não procure iludir os que têm prática no conhecimento das pessoas.
49. Não se negue a praticar um obséquio que pode praticar.
50. Não pretenda contradizer quem lhe for superior no conhecimento de determinado assunto.
51. Não critique nem condene assuntos em que nunca meditou.
52. Tenha sempre em mente que um amigo vale sempre mais do que um inimigo. Mau humor e ressentimento para com os outros causam perturbações cerebrais.
53. Seja superior a ciúmes mesquinhos ou a aborrecimentos sistemáticos pelo que alguém diz ou faz.
54. Tratando com os outros, cultive a habilidade de evitar observações desagradáveis sobre

coisas reais ou imagináveis. Não alimente suscetibilidades que o levem a sentir-se ferido por futilidade.

55. Lembre-se dos "grandes homens silenciosos" de Carlyle; nunca diga tudo o que sabe, quer dos negócios alheios, quer dos próprios.

56. Nunca fale antes de bem pensar. Muitas vezes, uma frase impensada pode ser causa remota de uma indigestão mental.

57. Nunca ponha um plano em ação antes de ter encarado todas as conseqüências possíveis. Com freqüência, o lado não examinado é o que determina o insucesso.

58. Use sempre palavras agradáveis; não custam caro, nunca se sabe como serão retribuídas as palavras desagradáveis.

59. Trate a todos, homens, mulheres e crianças, como se estas lhe fossem conceder um grande favor, mas abstenha-se de qualquer forma de servilismo.

60. Antes de insistir no modo de agir que escolheu, tenha a certeza de que é esse o melhor para pô-lo em prática, espere conquistar as boas graças da pessoa com quem deverá tratar.

(In: *Sabedoria Universal*, prof. Paulo Lotufo, Editora Brasipal, São Paulo, 1970.)

“Uma pessoa de fé não sucumbe quando as dificuldades se apresentam. Por mais alcantilado e negro que te pareça o caminho, olha para a frente, à procura de horizontes mais claros, vendo um destino de felicidade.”

James Allen

Para meditar

Malba Tahan

Nunca te arrependerás:

De teres refreado a língua, quando pretendias dizer o que não convinha ou o que não era verdade.
De teres formado o melhor conceito sobre o proceder de outrem.
De teres perdoado aos que te fizeram mal.
De teres contribuído para o sustento da tua Igreja e obras de beneficência.
De teres cumprido pontualmente tuas promessas bem pensadas.
De teres suportado com paciência as faltas alheias.
De teres dirigido palavras bondosas aos desventurados e tristes.
De teres simpatizado com os oprimidos.
De teres pedido perdão por falta cometida.
De teres recusado ouvir anedotas inconvenientes e ler escritos da mesma natureza.
De teres escolhido, com prazer, pensamentos, conversas e leituras edificantes.
De teres pensado antes de falar.
De teres honrado a teus pais e superiores.
De teres sido cortês e honesto em tudo e com todos.

(In: *Lendas do Céu e da Terra*, Malba Tahan, São Paulo, 1965.)

NAPOLEÃO BONAPARTE - Militar e estadista, Napoleão Bonaparte nasceu em Ajaccio, Córsega. Estudou na Academia Militar de Brienne e na de Paris, de onde saiu oficial de artilharia. Napoleão deixou marcas duradouras nas instituições da França e de grande parte da Europa Ocidental. Entre outras, promulgou o novo código civil, maior feito jurídico dos tempos modernos, que consusbstanciou os princípios defendidos pela revolução francesa e influenciou profundamente a legislação de todos os países no século 19. Foi imperador da França no período de 1804 à 1814. (1769 - 1821)

"

Se você tentou e fracassou,
se planejou e seus planos ruíram,
lembre-se de que os maiores
homens da história foram produtos
de coragem; e a coragem nasce
no berço da adversidade.

"

Fé e confiança inabaláveis

Robert J. O'Reilly

Tinham fé em si próprios

Foi a fé inabalável em seu produto e em si mesmo que ajudou Alfred Fuller a converter um negócio de manufatura e vendas, que contava com um só operário, numa organização nacional, empregadora de 10 mil pessoas e realizadora de um montante bruto, anual, de mais de 80 milhões de dólares. "O homem da escova *Fuller*" tornou-se parte consagrada de nosso vocabulário.

Idêntica foi a espécie de confiança devotada que tinha Ole Envirude, quando se pôs a imaginar como adaptar um motor de combustão interna à parte traseira de um bote de remos. Ole *sabia* que tal adaptação podia ser feita e estava decidido a descobrir o melhor jeito de efetuá-la. E descobriu-o! A companhia fundada com pouco mais do que a convicção de Ole Envirude transformou-se na gigantesca Outboard Marine Corp. — a maior fabricante de motores de popa do mundo!

Aquelas coisas nunca haviam sido feitas antes, mas fizeram-nas

Não só empresas, mas *indústrias* inteiras têm-se

estabelecido em torno da atitude e da fé de um único homem. "Pode-se conseguir tudo o que a mente é capaz de conceber." Tome o exemplo de Clarence Birdseye. Ele começou como contínuo de escritório, ganhando um ordenado de 3 dólares por semana. Sua curiosidade no tocante à deterioração e às condições próprias de consumo de alimentos levou-o, porém, ao aperfeiçoamento prático do processo de congelação rápida. E a inabalável confiança que Clarence Birdseye teve naquele novo sistema revolucionário constituiu o princípio da indústria de gêneros alimentícios congelados, que rende muitos bilhões de dólares.

A excitante história de Charles Goodyear é outra prova de que a "atitude certa" pode mais do que compensar qualquer uma das chamadas deficiências. A carência de formação científica não impediu Goodyear de realizar experimentos. Tampouco o deteve a falta de um laboratório: ele utilizou, simplesmente, o fogão da cozinha. Inúmeros contratempos, zombarias e mesmo prisão, pelo não pagamento de dívidas, obstruíram-lhe o caminho. Mas Goodyear tinha coragem de mostrar as próprias convicções. E a descoberta que fez, do processo da vulcanização da borracha, foi a pedra fundamental da indústria borracheira moderna. Hoje, mais de 50 fábricas, espalhadas pelo mundo inteiro, fabricam os produtos "Goodyear" . As vendas brutas, anuais, ultrapassam em muito um bilhão de dólares. *Tudo isso porque um homem teve fé em que ele podia fazer o que nunca havia sido feito antes.*

(In: *Pensamento Dinâmico - Novo e Poderoso Caminho para o Sucesso Pessoal*, Robert J. O'Reilly, Cultrix, São Paulo, 1965.)

JOSÉ DE ALENCAR - Romancista, teatrólogo, crítico e político brasileiro, nascido em Macejana, Ceará. Foi também advogado e jornalista. Seu primeiro grande sucesso literário foi *O Guarani*, romance abordando tema indianista. Foi também político, elegendo-se deputado. Ocupou alguns cargos de destaque: ministro da Justiça e membro da Academia Brasileira de Letras. Desiludido com a política, passou a dedicar-se somente à Literatura. Escreveu muitos romances. A maioria deles são muito conhecidos. Entre eles encontram-se *Iracema, Ubirajara* e *A Pata da Gazela*. (1829-1877)

"

Quem não espera vencer, já está vencido.

"

As virtudes

Benjamin Franklin

I. **Temperança:** A bebida não afoga mágoas; rega-as, isto, sim; e fá-las crescer mais fortes.

II. **Silêncio:** Não fale senão sobre o que possa beneficiar a si próprio ou aos outros; evite conversas fúteis.

III. **Ordem:** Dê a cada coisa o seu lugar; dê sua hora a cada parte dos seus negócios.

IV. **Resolução:** Resolva-se a cumprir seus deveres; e cumpra-os sem falta, resoluto.

V. **Frugalidade:** Não faça despesa senão para seu benefício ou de outrem. Não desperdice nada.

VI. **Sinceridade:** Não use subterfúgios. Pense com inocência e justiça; e, tendo de falar, fale como pensa.

VII. **Justiça:** Não ofenda ninguém com injúrias; nem deixe, nunca, de fazer o bem que puder fazer.

VIII. **Moderação:** Evite arrebatamentos. Não guarde ressentimentos, sobretudo quando possam levar ao extremo do rancor.

IX. **Asseio:** Não tolere desasseio algum, nem no corpo, nem no vestuário, nem no lar.

X. **Tranqüilidade:** Não se altere com banalidades ou acidentes comuns e inevitáveis.

XI. **Castidade:** Seja bom e virtuoso, pois será abençoado e sábio.

XII. **Humildade:** Imite Jesus e Sócrates.

(In: *Sabedoria Universal,* Paulo Lotufo, Editora Brasipal, São Paulo, 1970.)

PLATÃO - Filósofo grego, discípulo de Sócrates. Era cidadão ateniense. Do mestre, absorveu o método de ensino: a maiêutica. Difundiu a filosofia socrática. Alguns comentaristas chamam a atenção para a simbiose entre o pensamento socrático e platônico, por não se saber onde termina o pensamento de um e onde começa o do outro. Platão era um defensor da Justiça; ficou abalado com a condenação de seu mestre por considerá-la injusta. Sua obra *A República*, na qual idealizou uma cidade comunal, é considerada a primeira utopia da história. (427-347 a.C.)

"Vencer a si próprio é a maior das vitórias."

Máximas e pensamentos

Marquês de Maricá

A mocidade viciosa faz provisão de achaques para a velhice.

• O homem que cala e ouve não dissipa o que sabe e aprende o que ignora.

• Viver é doce; viver é agro: nesta alternativa passa a vida.

• A virtude é comunicável, mas o vício é contagiante.

• A atividade sem juízo é mais ruinosa que a preguiça.

• A vaidade de muita ciência é prova de pouco saber.

• Os bons folgam quando os maus pelejam.

• A prudência é uma alma defensiva, que supre ou desarma todas as outras.

• A misantropia é a sátira da espécie humana.

• A modéstia é a moldura do merecimento que o guarnece e realça.

• Não é dado ao saber humano conhecer toda a extensão da sua ignorância.

• Os vícios e os crimes andam sempre em companhia.

• Quem não tem medo vive sem resguardo e acaba cedo.

• Bem merecem o sono da noite os que aproveitam utilmente as horas do dia.

• A realidade nunca dá quanto a imaginação promete.

• A soberba não perdoa, a humildade não se vinga.

• Homens! Aprendei a vencer-vos, e triunfareis de todos.

• O juízo, que falta a muitos, a ninguém sobeja.

• O homem que não é indulgente com os outros, ainda não se conhece a si próprio.

• Ler sem refletir é comer sem digerir.

• A virtude ofendida se desagrava perdoando.

• Os bons podem não ter amigos, aos maus nunca lhes faltam inimigos.

• Vale mais ser invejado que lastimado.

• Os tolos nos incomodam, os velhacos nos prejudicam.

• Os rouxinóis emudecem quando os jumentos ornejam.

• A história é a biografia da espécie humana.

• A força que sobeja na língua, falta, de ordinário, no braço.

• Verdades há que amargam como fel e mentiras que têm o sabor do mel.

• O fogo destrói e consome iluminando.

MICHELANGELO - Escultor, pintor, poeta e arquiteto, Michelangelo nasceu perto de Arezzo, Itália. Sua obra o coloca, ao lado de Leonardo da Vinci, como o maior nome do Renascimento. Entre suas obras esculturais destacam-se: *Pietá* da Basílica de São Pedro, e o famoso *Davi*. A sua obra-prima encontra-se na decoração do teto da Capela Sistina, Vaticano, onde se destaca, no retábulo da Capela, o *Juízo Final*. Seu apogeu, como arquiteto, se retrata na Basílica de São Pedro, Roma. (1475 - 1564)

"

O que há de mais certo é confiarmos em nós mesmos para nos tornarmos pessoas de mérito e valor.

"

Crença total em si mesmo

Dr. Walter Doyle Staples

O segundo fator-chave do sucesso (FCS) é a crença total em si mesmo. *Você precisa pensar em crença se quiser pensar como um vencedor!* Tenha confiança em si mesmo. Acredite em suas capacidades, pois você é quem pensa que é. Você tem as habilidades e capacidades necessárias para realizar grandes coisas. Precisa apenas aceitar esse fato para ir em frente com sua vida.

"Existem duas maneiras para deslizar facilmente pela vida; acreditar em tudo ou duvidar de tudo; ambas nos poupam de pensar", de acordo com Alfred Korzybski (1879-1950), cientista e filósofo americano nascido na Polônia.

Você precisa pensar cuidadosamente naquilo em que acredita. Falsas convicções são as piores inimigas da verdade, pois resultam em uma vida de baixo desempenho e complacência. Você é aquilo que sua mente foi programada para pensar que você é. Sua força está nos pensamentos que você detém. Como observou William James, "A crença é profanada quando é dedicada a afirmações não comprovadas nem questionadas, apenas para o conforto e prazer do crente. Sempre é errado, em toda parte e para todos, acreditar em qualquer coisa com base em evidências insuficientes".

Quando você tinha dois anos de idade, cerca de 50% do seu sistema de crenças já havia sido determinado. Aos seis anos, a proporção era de 60% e, aos oito anos, já chegava a 80%. Finalmente, aos quatorze anos, cerca de 90% de quem você pensa que é havia sido programado em sua mente. Essa programação dita até hoje as crenças que você tem a respeito de si mesmo e do seu potencial para altas realizações.

Em outras palavras, independentemente da sua idade, quem você pensa que é hoje é algo que estava decidido quando você tinha quatorze anos de idade. Poucos de nós podem lembrar muito a respeito dos primeiros quatorze anos de suas vidas. E durante esse período, você provavelmente era muito inseguro e imaturo e não podia fazer julgamentos bem informados a respeito de muitas das coisas que lhe estavam acontecendo. Contudo, essa época crítica na sua formação pode persegui-lo até o seu túmulo, a menos que você opte por reestimar seu valor real, com base em novas informações que desafiam suas idéias preconcebidas.

As pessoas têm o hábito de tomar como certos os seus ativos, concentrando-se somente em suas limitações. Dessa maneira, elas estão dando mais credibilidade àquilo que não podem fazer do que àquilo que podem. Esse comportamento é inerentemente derrotista. Ele o detém, elimina qualquer iniciativa e essencialmente paralisa qualquer perspectiva de sucesso.

Ao focalizar constantemente as forças que parecem estar contra você, você lhes atribui um poder que elas não têm necessariamente. Em vez disso, focalize sua atenção em seus ativos e você poderá ver o que é possível além desses obstáculos imaginários e temporários.

O poema abaixo, intitulado, *Believe in Yourself* (Acredite em Si Mesmo — tradução livre), ajuda a colocar as coisas na perspectiva adequada:

> *Acredite em si mesmo!* Você é divinamente projetado
> E feito inteiramente para o trabalho da espécie humana.
> A esta verdade você deve ser fiel, através do perigo e da dor
> As alturas que o homem atingiu você também pode alcançar.
> Acredite até a última hora, pois é verdade
> Que aquilo que quiser você pode fazer.
> Acredite em si mesmo e prossiga sem medo
> Por receios e dúvidas não seja dominado.
> Você tem direito ao sucesso, a ter garra
> Que indica os grandes. Você terá se quiser!
> A sabedoria de séculos é sua se você ler
> Mas é preciso crer em si mesmo para vencer.

Se você sente que está derrotado e falta-lhe a capacidade para ir em frente em sua vida, prepare um inventário detalhado de todos os seus ativos e passivos.

Pegue uma folha de papel divida-a verticalmente ao meio e relacione todos os seus ativos à direita e os passivos à esquerda. Você é saudável? Tem um cônjuge compreensivo que o apoia? Tem uma renda razoável ou perspectivas de tê-la? Tem desenvolvido habilidades valiosas? Tem tido sucesso em pequena escala em alguma coisa? Você gosta de ler? Dispõe de tempo livre para estudar? Existem gru-

---

[2] Poema intitulado *Believe in Yourself*. Anônimo.

pos comunitários ou religiosos aos quais você possa se juntar, para ajudá-lo a explorar novos meios para dar razão aos seus talentos e habilidades?

Existem centenas de perguntas como essas, que você pode fazer a si mesmo para quantificar todos os seus ativos. Se você dedicasse algum tempo a isso, descobriria muitos ativos que toma como certos — dois olhos, duas mãos, dois pés e um cérebro para *pensar!* Muitas pessoas realizaram grandes coisas com menos que isso. Se você explorar seriamente ambas essas áreas, sua lista de passivos não poderá ser maior que a de ativos.

Você pode, caso queira, atribuir maior relevância aos seus passivos. Este, porém, é um resultado de julgamentos que podem ser mudados com base em novas informações, ou pela reavaliação das informações antigas. Você pode, e deve, atualizar seu sistema de crenças para prover nova direção e propósito à sua vida.

Este exercício de balanço utiliza a técnica de "minimizar-maximizar" para ajudá-lo a ver seus ativos e passivos sob uma luz inteiramente nova. Robert Southey (1774-1843), o poeta e escritor inglês, tinha sua maneira própria de perceber seu ambiente:

> Já lhe contei sobre o homem que sempre põe os óculos quando vai comer cerejas, para que elas pareçam maiores e mais tentadoras. Da mesma maneira, sempre aproveito ao máximo os meus prazeres e, embora não perca de vista os problemas, eu os guardo para mim mesmo e não deixo que aborreçam os outros.

(In: *Pense como um Vencedor,* dr. Walter Doyle Staples, Pioneira, São Paulo, 1994.)

“O maior pecado do ser humano é ignorar a sua força interior, seus poderes criadores e sua herança divina. Vê quantas coisas podes fazer.”

O. S. Marden

O velho, o menino e o burro

Recontada por James Baldwin
(Esta história é contada há séculos na África, Ásia e Europa)

Era uma vez um homem já velho que ia para o mercado com o filho pequeno e um burro andando atrás. Não haviam se afastado muito quando encontraram um fazendeiro que lhes disse:

— Vocês são muito bobos de andarem essa distância toda até a cidade, com esse burro preguiçoso andando atrás! Afinal, burros não servem para se montar?

— Bem, eu nem tinha pensado nisso — disse o homem. — Com prazer, faremos o que sugere.

E montou o menino no burro, seguindo viagem.

Pouco depois, passaram por alguns homens na estrada.

— Olhem só que menino preguiçoso! — disse um deles. — Vai refestelado no burro e faz o pobre pai, velho, seguir a pé!

O pai, ouvindo aquilo, chamou o filho:

— Pare um pouco. Vamos seguir a sugestão desses homens.

Mandou o menino apear e ele mesmo montou no burro.

A seguir, encontraram duas mulheres, e uma disse à outra:

— Já viu homem mais preguiçoso? Vai montado, descansando, e faz o filhinho andar a pé!

O homem não sabia o que fazer.

— Meu filho — disse —, acho que devemos seguir as sugestões de todos, mas como atender às mulheres e àqueles homens ao mesmo tempo?

Pensou um pouco e chegou a uma conclusão. Carregou o filho às costas e prosseguiram, o burro cambaleando um pouco com o peso dos dois.

Quando, enfim, chegaram à cidade, um grupo de pessoas começou a apontar e zombar deles. O pai parou e perguntou:

— O que está havendo, meus amigos?

— Muita coisa! — disseram os homens! — Você devia se envergonhar de tanta crueldade com o pobre burro. É muito peso para um animal tão pequeno como ele!

— Eu não tinha pensado nisso — disse o homem. — Parece demais para ele, mesmo; mas nós estávamos tentando agradar a alguns amigos que nos fizeram sugestões.

Assim, ele e o menino desmontaram, sem saber o que fazer desta vez. Pensaram, pensaram e por fim tiveram uma idéia. Acharam um pedaço comprido de madeira e amarraram as patas do burro, pendurando-o na tora. Com muito esforço, ergueram a tora, apoiando-a nos ombros. O burro não gostou nada disso, mas que podia fazer?

O velho e o menino prosseguiram, carregando o burro. Seguiam bem altivos, enquanto todo o povo ria deles.

— Acho que agora estamos agradando a todo

mundo — disse o pai.

Quando chegaram à ponte do mercado, o burro soltou uma das patas e escoiceou. O menino assustou-se e largou sua ponta da tora. O burro se desequilibrou e caiu da ponte, afogando-se no rio.

— Eu acho, meu filho — disse o pai —, que aprendemos uma lição com tudo isso.

— E qual a lição, pai?

— Se você tentar agradar a todos, acaba não agradando a ninguém!

(In: *O Livro das Virtudes II, O Compasso Moral,* William J. Bennett, Editora Nova Fronteira, Rio de Janeiro, 1996.)

ALBERT EINSTEIN - Cientista, filósofo e humanista, nascido em Ulm, no sul da Alemanha. Considerado um dos grandes gênios do século 20. Em 1915 apresentou a revolucionária descoberta da Teoria Geral da Relatividade. Em 1921 recebeu o prêmio Nobel de Física. Escreveu vários livros sobre ciência e filosofia. Viveu em Princeton (USA), onde foi professor. (1879-1955)

"A mais bela recompensa para quem persistiu a vida toda tentando entender um pouco da verdade é que os outros realmente compreendam seu trabalho e fiquem satisfeitos com ele."

Salmo 86

Senhor, ao iniciar esta nova jornada,
peço a tua proteção.
Volta teus olhos para o caminho que ora vou trilhar,
estendendo a tua proteção sobre todos os meus passos.
Ilumina a minha estrada, pois sempre que estás comigo,
sou forte e capaz de suportar
as lições que me destinas.
Orienta as decisões que deverei tomar.
Acompanha-me e certifica-me
de que estarei indo ao encontro
das minhas melhores opções.
Faz com que minha jornada tenha sucesso, Senhor.
Livra-me dos perigos, dos acidentes
e de qualquer situação que possa me impedir
de construir a minha felicidade.
Governa as minhas ações e o comportamento
daqueles que podem influenciar o meu destino.
Dirige a tua luz divina para este filho teu,
que ora com fervor
e é motivado pelo teu amor.
Que assim seja, para sempre.

(In: *Para Chegar ao Coração do Senhor – Orações Inspiradas nos Salmos de Davi*, Yara Beduschi Coelho, Editora Pensamento, São Paulo, 1995).

BUDA (Siddartha Gautama) - Líder espiritual do Oriente, nascido em Kapilavastu, no sopé do Himalaia, em território do atual Nepal. Filho do rei Suddhodana (reino dos Sakyas), despojou-se de sua fortuna para se dedicar a ensinar a Verdade. É considerado o fundador do Budismo. Não deixou nada escrito. (556-476 a.C.)

"Faça de ti mesmo teu próprio suporte, teu próprio refúgio."

Andar — exercício aeróbico que produz autoconfiança

Dr. Kenneth H. Cooper

Pode parecer que andar provoca um esforço insuficiente sobre o seu corpo para que possa ser qualificado como um eficaz exercício de resistência, mas nada pode estar tão longe da verdade quanto isto. Na realidade, andar se coloca entre as cinco atividades aeróbicas mais eficientes, pelos benefícios que pode produzir em seu corpo. Como disse antes, somente se leva mais tempo para atingir o mesmo nível de condicionamento andando do que correndo ou com algumas das outras atividades mais intensas.

Tudo o que é necessário para ser um andarilho é ter um bom par de sapatos, que ofereça bom suporte, com sola suficientemente espessa para absorver os choques dos pés contra o chão. Qualquer par de tênis de corrida de boa qualidade servirá muito bem para você.

Andar é uma atividade que se destaca para aqueles que são suscetíveis a lesões nos ossos, articulações e músculos, que às vezes ocorrem durante as corridas. Mas, como digo, você tem de ser capaz de dispor de um pouco mais de tempo se quiser ser um andarilho. Em outras palavras, você deve progredir até andar cerca de 4,8 quilômetros em 45 minutos. Também é necessário fazer esta rotina de quatro a cinco vezes por semana, se você planeja usar o andar como o seu único meio de condicionamento.

É possível, no entanto, diminuir o seu tempo de exercício e aumentar o benefício da atividade, andando morro acima no mesmo ritmo que você anda no plano. Você também pode experimentar levar os *Heavy Hands*, pequenos pesos para aumentar as demandas sobre o seu corpo.

Até que ponto pode um programa de andar condicionar o seu coração, elevar o seu nível de resistência e aumentar a sua autoconfiança? A resposta é: otimamente!

O nosso recorde atual no teste de esforço de Balke, na esteira ergométrica para andarilhos, é de 27 minutos, estabelecido por um homem de 57 anos. Para alcançar este desempenho, que é superior (ou se situa nos 5% superiores) mesmo para pessoas abaixo de 30 anos, este homem anda 8 quilômetros cinco vezes por semana. O seu ritmo é bem rápido e, em média, ele faz 1,6 quilômetro em 12,5 a 13 minutos. A esta velocidade, ele está trabalhando a cerca de 65% do seu ritmo máximo cardíaco, e isto explica o seu excepcional condicionamento, como refletiu o seu desempenho na esteira.

(In: *Correndo Sem Medo*, dr. Kenneth H. Cooper, Nórdica, Rio de Janeiro, 1987.)

FRIEDRICH NIETZSCHE - Escritor e filósofo, nascido no vilarejo de Rocken, na Prússia. É um dos grandes filósofos do século 19. Deixou um vasto legado em filosofia e causou perplexidade quando declarou a "morte de Deus" em uma de suas obras. Sua mais conhecida obra é *Assim Falava Zaratustra*. (1844-1900)

"Ninguém pode construir em teu lugar as pontes que precisarás passar, para atravessar o rio da vida — ninguém, exceto tu, só tu."

Programação neurolingüística "O criador de confiança"

Dr. Walter Doyle Staples

Todos os dias estão sendo feitas novas e brilhantes descobertas que refletem o progresso humano, nossa marcha segura na direção do melhor entendimento e controle sobre nosso ambiente. Dos segredos do átomo à exploração do espaço exterior, grandes feitos estão sendo registrados, muitos dos quais eram considerados impossíveis há alguns anos.

Mas faça-se esta pergunta vital: *Tenho um conhecimento adequado de mim mesmo?* Você entende a maneira pela qual pensa e por que responde e comporta-se da maneira que o faz? você avalia plenamente o potencial que possui, o verdadeiro poder da sua mente? Muitos em nossa sociedade não avaliam — o alcoólatra, o viciado em drogas e aquele que abandona os estudos. Na verdade, a pessoa média não o faz. Creio que estaríamos melhor servidos se tentássemos entender melhor nossa própria natureza física, mental e espiritual e o funcionamento de nossa mente, antes de tentar descobrir todos os mistérios do universo.

O maior mistério do mundo envolve a essência

do Homem. Aprendemos como gerenciar e controlar muitas facetas de nosso ambiente. Porém, uma coisa ainda nos frustra: precisamos ainda ganhar o domínio sobre nós mesmos, sobre nosso pensamento e sobre nossas vidas. As palavras de Alexander Pope (1688-1744), o poeta inglês, escritas há mais de duzentos e cinqüenta anos, são tão atuais hoje como eram então: "Conhece-te a ti mesmo... o estudo correto da humanidade é o Homem".

Exercício de reformulação nº 1

Fique em uma sala silenciosa e imagine que está se sentindo extremamente confiante e totalmente à vontade consigo mesmo e com aquilo que o cerca. Isso deve representar uma experiência máxima, ou "alto" mental, algo que você provavelmente experimentou somente poucas vezes em sua vida. Você pode fazê-lo recordando uma ocasião do passado, na qual se sentiu dessa maneira, ou simplesmente imaginando como se sentiria se estivesse em um estado assim maravilhoso.

Pense agora como seria sua posição, sua respiração e sua aparência nesse elevado estado de bem-estar. À medida que você se conscientiza da sua postura — costas retas, ombros firmes e cabeça alta — feche o punho de uma das mãos e bata contra a palma da outra várias vezes e com grande vigor e intensidade, gritando a cada vez "Sim, eu posso!" com sua voz mais confiante. À medida que se conscientiza da sua respiração nesse estado de confiança absoluta — lenta, profunda e do abdômem —, repita o mesmo gesto e a mesma afirmação. Repita a seqüência à medida que se conscientiza da sua expressão facial: olhos, mandíbulas e dentes posicionados de forma confiante e confortável. Considere, por alguns momentos, toda a sua fisiologia, enquanto continua a experimentar esse estado intensificado de conscientização.

Faça esse exercício dez vezes por dia, durante uma semana. Depois desse tempo, você terá ancorado esse desejável estado mental em sua realidade subconsciente e poderá recordá-lo quando quiser, antes ou durante qualquer momento de ansiedade, simplesmente fechando o punho e repetindo a afirmação para si mesmo, mesmo num sussurro. Sempre se lembre disso como sendo seu sentimento de "pense como um vencedor!". É a sua porta para uma nova realidade e um estimulante futuro.

(In: *Pense como um Vencedor*, dr. Walter Doyle Staples, Editora Pioneira, São Paulo, 1994.))

“

Todo homem válido só deve contar consigo. Uma vez de pé, deve caminhar com as próprias pernas, pois ninguém tem o direito de ser carregado.

”

Franklin Roosevelt

Certifique-se de que sua atitude está voltada para a direção certa

Robert J. O'Reilly

"Tudo quanto o homem consegue e tudo quanto deixa de conseguir é resultado direto de seus próprios pensamentos."

James Allen

Numa palestra proferida ante o Clube de Promotores de Vendas Nacionais, Armand "Gary" Gariepy certa vez observou: "O sucesso na vida é resultado exclusivo da atitude. As atitudes ou induzem-nos a uma atividade cada vez maior ou escravizam-nos à habitual. O indivíduo precisa acreditar de fato que possui aptidão e possibilidade de sucesso, bem como que uma pessoa é capaz de alcançar tudo quanto a mente possa conceber."

William James, o eminente psicólogo norte-americano, exprimiu isso de modo diferente: "A maior descoberta de minha geração é que os seres humanos, alterando suas atitudes mentais, podem alterar a própria vida. Da maneira que pensarmos, assim seremos."

Ambas as personalidades citadas — a primeira, um diretor comercial bem-sucedido; a outra, um dos espíritos científicos mais acatados do século — declaram, de modo decidido e inequívoco, que o sucesso na vida e a atitude mental acertada são perfeitamente sinônimos. E a sabedoria que demonstram torna a pôr em evidência uma das verdades básicas do mundo:

Não importa quão altas sejam suas aspirações; você deve primeiro crer, de maneira firme e sincera, que pode realizá-las.

Lembro-me de ter ouvido uma história de certa gente de uma vilazinha do Maine. Como devesse fazer parte de um enorme lago, para o qual estava sendo construída uma barragem, o lugarejo ia ser inundado. Pararam, então, todas as benfeitorias e reformas em propriedades. Afinal de contas, por que pintar uma casa que ia ser coberta de água dentro de seis meses? Por que reformar algo, quando toda a vila ia ser destruída pela inundação?

Assim, semana após semana, o povoado inteiro veio a ficar num estado mais desolado, mais coberto de pó. Alguém, então, à guisa de explicação, acrescentou:

— Onde não há fé no futuro, não há força no presente.

E não se dá o mesmo com as pessoas? Quantas você conhece, cuja atitude se tornou literalmente "abatida e empoeirada" e que, por falta de confiança *no próprio* futuro, se arruinaram?

É mais fácil falar do que agir. Sem dúvida, você está dizendo a você mesmo: "Seu objetivo é, por certo, compreensível. Como, porém, você espera que eu adquira essa fé firme e sincera, sobretudo quando *não* estou, no fundo, tão seguro de mim mesmo?"

Você pode começar por:

1.º) *Adquirir a confiança que surge através do conhecimento.* Descubra todas as coisas possíveis sobre o que for que você esteja empreendendo — não só *boas* como também más. Lembre-se do que disse Frank Bettger: "Coragem não é a ausência de medo, mas o triunfo sobre ele". Na maioria dos casos, os fatores desconhecidos são os que produzem temor. E assim que, por meio do conhecimento e da compreensão, nos desfizermos dos receios dessa espécie, eles não mais se afigurarão tremendos.

O início de *todo* feito importante tem sempre sua porção de dúvida. Recorde seu primeiro dia num novo emprego; o primeiro discurso que fez, sua primeira viagem de avião. Cada uma de tais ocorrências foi precedida de pequena dose de medo ou pressentimento aflitivo. É natural e inevitável. Todos passamos por isso. A pessoa amadurecida, contudo, reduz semelhantes temores ao mínimo e adquire gradualmente confiança, através da apreciação realística do problema que enfrenta.

Depois que você se tiver armado do máximo possível de conhecimentos acerca da empresa a que se vai arriscar, passe, então, a:

2º) *Tornar-se algo introspectivo: procure descobrir o*

que há em seu íntimo que o faz hesitar. É possível que seja sua falta de prática ou de instrução nesse setor. Talvez você ache difícil ajustar a própria personalidade ou os hábitos de trabalho às circunstâncias estranhas. Ou, se não, que estaria arriscando grande parte de sua segurança pessoal em algo que lhe é duvidoso. Logo que fizermos com que cada uma de tais razões se apresente em sua verdadeira natureza, longe do emaranhado de nossos sentimentos e raciocínios, poderemos, então, começar a espargir luz sobre elas, a fim de determinar se constituem desculpas simuladas ou alegações sinceras. Uma casa mal-assombrada pode parecer terrivelmente assustadora à noite, mas o clarão do dia tem o poder de tirar grande parte do susto que ela causa.

O passo final para adquirir essa confiança firme e sincera na própria pessoa é:

3º) *Venda a você mesmo a idéia de que pode levar a cabo tudo quanto se ponha a realizar.* O meio para o sucesso em tal modo de agir é tão evidentemente fácil que você, a princípio, talvez desconfie dele. De fato, é possível que o amigo duvide, por algum tempo, de sua eficácia. É ele tão-somente o seguinte: Repita a você próprio, de modo constante: "Sou *realmente,* capaz de atingir meus objetivos". Não pare de repeti-lo. E, então, dentro de pouco tempo, você acreditará nisso.

Em seu livro — *The Magic of Believing* (A Magia da Confiança), publicado pela Prentice-Hall, Inc. —, Claude Bristol escreveu: "Essa força sutil de sugestão reiterada excede-nos o entendimento. Ela atua de forma direta sobre nossas sensações e emoções, chegando por fim até às próprias profundezas de nosso subconsciente. É a insinuação renovada que nos leva a crer."

Ben Sweetland, em seu livro *I Can* (Posso), editado pela Cadillac Publishing, declara: "Se repetires uma sugestão com bastante freqüência, embora possas ter dificuldade em aceitá-la sinceramente nas primeiras vezes, ela, com o tempo, virá a ser adotada".

Norman Vincent Peale chama a esse processo "pensamento positivo". Willian James classifica-o como "influência sobre nosso subconsciente". Napoleon Hill toma-o pelo princípio da "auto-sugestão". Seja qual for o rótulo que traga tal norma simples, seu tremendo poder tem sido *comprovado* de maneira que não admite dúvida. Todo o nosso modo de encarar a vida tem de ser o de confiança. Confiança em que temos um propósito definido nela e em que, para realizar tudo quanto somos realmente capazes de fazer, *devemos, em primeiro lugar, ter fé em nós próprios.*

Se tudo isso parece ter muito de uma linda teoria privativa de quem vive em torre de marfim, então talvez as palavras de Sterling Moss possam ajudar a baixá-la à terra. Moss, como você sabe, é por muitos considerado o mais hábil volante que já existiu. Ele tomou parte em mais corridas de automóvel do que ninguém e venceu-as em maior número.

Numa entrevista que, concedida a Ken W. Purdy, saiu a lume na publicação Playboy, citou-se textualmente a seguinte declaração de Moss: "Ensinaram-me que toda coisa é possível de ser conseguida se estivermos dispostos a nos dedicar, até ao sacrifício, a alcançá-la. Acho que meus pais me deram essa confiança — concederam-me um dom, dir-se-ia — de que, *seja o que for* que queiramos fazer, poderemos fazê-lo se o quisermos com bastante intensidade. E acredito nisso. *Acredito-o.* Acredito que, se quisesse correr uma milha em quatro minutos, eu poderia fazê-lo. Teria de abandonar tudo o mais, porém poderia correr uma milha em quatro minutos."

(In: *Pensamento Dinâmico - Novo e Poderoso Caminho para o Sucesso Pessoal,* Robert J. O'Reilly, Cultrix, São Paulo, 1965.)

SIGMUND FREUD - Psiquiatra, nascido em Freiberg, na Tchecoslováquia. Interessou-se por neurologia e hipnotismo e inovou, com suas experiências, no campo psicológico e neuropsiquiátrico. Suas revolucionárias teorias sobre a influência dos impulsos sexuais no comportamento psicológico e na personalidade do indivíduo foram muito polêmicas, na época. Fundador da psicanálise. Escreveu dezenas de obra, entre as quais *Interpretação dos Sonhos.* (1856-1939)

“O sonho representa a realização de um desejo.”

Autoconfiança e a arte de administrar

R. O. Dantas

Esta pequena história nos mostra a importância de viver com otimismo, assumir responsabilidades e trabalhar confiantemente.

"O teste"

Um rico homem foi perdendo pouco a pouco sua herança, até que se viu reduzido à pobreza. Abandonado pelos amigos e sem prestígio, resolveu recorrer a um amigo de infância que então era rei em um país vizinho. Este o recebeu amistosamente e mandou que lhe dessem NOVECENTAS ovelhas e uma fazenda para administrar. O homem ficou decepcionado com esta forma de ajuda e a CONTRAGOSTO foi assumir sua nova atividade. No inverno, lobos vorazes desceram dos montes, penetraram no redil mal protegido e dizimaram o rebanho. Desmoralizado com sua falta de experiência, o homem voltou ao seu amigo, o rei, e este mandou que lhe dessem mais SEISCENTAS ovelhas. Sentindo-se desprestigiado com aquela diminuição, torna o homem, com MÁ VONTADE, ao seu trabalho, mas logo vem a peste e arrasa o rebanho. Muito abalado, torna o homem ao Monarca, e este determina que lhe dêem mais TREZENTAS ovelhas. Mas desta vez ele se encheu de BRIOS; estudou, pesquisou, fez cruzamentos com ovelhas de raça, realizou bons negócios e depois de cinco anos era um próspero criador de ovelhas...

SOLICITOU AUDIÊNCIA para agradecer ao seu benfeitor, e este, depois de regozijar-se com a boa situação dele, disse: MUITO BEM!

— SUGIRO-TE AGORA deixar a fazenda e assumir o governo de uma Província do meu reinado.

— ALTEZA! — Permiti-me uma pergunta: Por que não me fizeste esta oferta da primeira vez em que te pedi ajuda?

— Meu caro amigo, o governo EXTERNO depende do governo INTERNO.

AGORA que formaste consciência da Administração, nada poderá arrebatar tua capacidade.

VAI E TRABALHA CONFIANTEMENTE!

Conclusão:

"Toda vida é uma preparação para maiores acontecimentos".

Unidade

"A Vida é uma constante batalha na qual devemos mostrar nosso valor".

Plauto

"Pequenas oportunidades podem ser o começo de grandes empreendimentos".

Demóstenes

"Quem entende estas palavras possui a chave para abrir muitas portas".

Édouard Schuré

(In: *Prossiga com Otimismo,* R. O. Dantas, Distribuidora de Livros Cardeal, São Paulo, 1995.)

TEILHARD DE CHARDIN - Teólogo, cientista, matemático, filósofo e geólogo francês. É um dos expoentes da teologia contemporânea, que se destacou, também, em outros campos científicos e como escritor. Na Filosofia, apresentou teorias mescladas de espiritualidade e ciência, porém suas teorias filosóficas desagradaram à Igreja Católica, que proibiu a leitura de seus livros. Somente após sua morte é que suas obras foram reconhecidas pelo Vaticano. Entres seus livros o que mais se destaca é *O Fenômeno Humano*. (1881-1955)

"

Toda energia consciente é, como o amor, a base da esperança.

"

Invista em você

Luiz A. Marins Filho, Ph. D.*

Conheço muitas pessoas que reclamam que suas empresas não oferecem chances de aperfeiçoamento pessoal, de treinamentos, cursos, participação em seminários, etc. É uma pena que existam empresas que realmente não se conscientizaram da importância de oferecer essas oportunidades a seus funcionários.

A bem da verdade, sou obrigado a confessar que também conheço um número enorme dessas mesmas pessoas que reclamam de suas empresas e que nunca mexeram uma palha sequer para se autodesenvolver. Nunca fizeram um curso sequer às suas expensas. Não participam de palestras, conferências,

---

* Doutor (Ph. D.) em Antropologia na Austrália e Pós-Doutorado em Macroeconomia em Londres, o Prof. Marins vem se dedicando ao estudo das empresas e desenvolvendo a Antropologia Empresarial. Realiza conferências e palestras no Brasil e no exterior, principalmente desenvolvendo os aspectos de motivação no homem contemporâneo e é autor de mais de 14 títulos de fitas de vídeo (Commit - Vídeo Business) sobre diversos temas de gestão empresarial.
Autor dos seguintes livros: *Socorro! Tenho um Sócio* (11ª edição) -editora HARBRA -1985; *Administrar, Hoje* (6ª edição) - editora HARBRA-1988; *Help! I've Got a Partner* - Londres / New York - Minerva Press - 1994.

não vão ao teatro, enfim, não investem em si próprias.

Quem não investe em si próprio perde o direito de reclamar dos outros não investirem em sua pessoa. A primeira pessoa que deve investir em nós, somos nós próprios.

Assim, vejo gerentes, supervisores e até mesmo diretores que se acomodaram totalmente. Ficam eternamente esperando que a empresa possibilite o seu desenvolvimento e nada fazem nesse sentido, por conta própria. Repito que é dever fundamental da empresa moderna investir em seus recursos humanos. Mas isso não exime cada pessoa do dever de investir em si próprio, de se auto-aperfeiçoar, de buscar conhecimentos, de participar na comunidade, de realmente investir em seu próprio desenvolvimento.

Nesta semana, pense nisto. Faça um exame de consciência e veja qual foi a última vez em que você tirou de seu orçamento ou de seu tempo livre, dinheiro e tempo e investiu na sua própria formação, aperfeiçoamento e desenvolvimento. Pergunte-se a si próprio: Tenho investido o bastante em mim mesmo? Acredito que valha a pena investir em mim mesmo? Tenho me aperfeiçoado profissionalmente, por minha própria conta? Busco constantemente esse aperfeiçoamento? Estou acomodado?
Leve seu pessoal a fazer essas perguntas.
A responsabilidade do aperfeiçoamento e desenvolvimento profissional é, em primeiro lugar, de cada pessoa como indivíduo.
Boa Semana. Sucesso!

(In: *Socorro! Preciso de Motivação,* Luiz A. Marins Filho, Ph.D., Editora Harbra, São Paulo, 1997.)

FERNANDO PESSOA - Poeta e escritor lusitano. Entre suas obras destacam-se 30 poemas concebidos em nome de seu heteronônimo Alberto Caeiro, denominado *O Guardador de Rebanhos*. Pessoa tinha uma forma toda própria de escrever e, por vezes, confundia-se com seus heteronômios. Morreu escrevendo e a última frase que escreveu foi: "Eu não sei o que me reserva o amanhã". (1888-1935)

"

Tenho pensamentos que, se pudesse revelá-los e fazê-los viver, acrescentariam nova luminosidade às estrelas, nova beleza ao mundo e maior amor ao coração dos homens.

"

Você é maior que a soma das suas partes

Dr. Walter Doyle Staples

Você precisa conhecer várias verdades básicas a seu próprio respeito. Elas irão ajudá-lo a entender melhor o potencial que possui. Muitas dessas verdades são evidentes por si mesmas, mas você pode não estar agindo de uma forma que leva plenamente em conta cada uma delas.

A grande maioria das pessoas nasce completa. Provavelmente não falta nada de importante em seu equipamento básico. Você foi construído segundo as mais altas especificações, apto para se programar e reprogramar à sua vontade e também para reparar partes usadas ou danificadas, se necessário. Os cientistas nos dizem que cada célula do nosso corpo é substituída ao menos *uma vez a cada sete anos,* e que produzimos vinte e um bilhões de novos glóbulos vermelhos de sangue por *minuto,* para substituir aqueles que são destruídos.

Você foi concebido para ser criativo e explorar suas possibilidades. Porém, sempre cria de acordo com as crenças básicas que mantém a respeito de si mesmo, suas capacidades e seu mundo.

Essas crenças são baseadas em decisões conscientes que você tomou no passado, a seu respeito e daquilo que é capaz de realizar. Essas decisões agora são repetidas inconscientemente enquanto você passa pela vida e continuam afetando seu pensamento, dirigindo seu comportamento e determinando seu nível relativo de desempenho.

Seu desempenho em qualquer área da sua vida é apenas em parte uma função do seu potencial e é, em grande parte, uma função da pessoa que você se "vê" ser. O que você vê em si mesmo é aquilo que obtém de si mesmo. No final, o que você mostra ser para si mesmo é aquilo que é extraído de você.

Seu subconsciente é totalmente cooperativo e sustentador, a respeito de qualquer coisa na qual você decida pensar e acreditar. Ele coletou e gravou regularmente todas as interpretações conscientes anteriores feitas por você ao longo de sua vida e nunca se deteve para julgar os méritos da sua escolha. Ele sempre disse sim às suas idéias e crenças a seu próprio respeito e a respeito do seu mundo e continua fielmente a agir baseado nelas, para garantir que os resultados que você consegue sejam sempre consistentes com ***aquilo que você diz querer à sua mente.***

Da mesma forma, seu subconsciente sempre diz sim ao seu potencial. Mas você precisa decidir qual é o seu potencial e então dizer, à sua mente, que é isso que deseja. Em outras palavras, você precisa antes desenvolver expectativas altas e positivas para si mesmo e depois dirigir seu olhar para elas como sendo válidas e atingíveis.

Você pode exercer controle completo sobre seus processos mentais de pensamento. A chave é aquilo que você decide pensar conscientemente, que então afeta diretamente seu modo de pensar inconscientemente. Lembre-se, sua auto-imagem está enterrada no fundo do seu subconsciente. Você pode efetuar mudanças previsíveis em seu comportamento, gerenciando mais eficazmente os seus pensamentos. Você pode desenvolver, até o grau que desejar, novos e mais eficazes padrões habituais de pensamento, que irão liberar todo o seu potencial.

Infelizmente, a maioria de nós é impedida por sentimentos destrutivos gerados por padrões habituais de pensamento negativos. A maior parte dos nossos temores resulta de pensamentos e pré-programações negativos. Por exemplo, você sempre sente medo diante da possibilidade de fracassar, sentir-se embaraçado ou rejeitado. Mas você não pode livrar-se do medo que sente somente pela força de vontade. Você pode *mudar o sentimento somente mudando o pensamento-imagem que retém em sua mente*, um processo conhecido como reenquadramento.

De modo geral, você é maior que a soma das suas partes. Habita um corpo físico que é o veículo através do qual você age, mas a maior parte do seu ser é de natureza não-física.

(In: *Pense como um Vencedor*, dr. Walter Doyle Staples, Livraria Pioneira Editora, São Paulo, 1994.)

"Você é o resultado de todos os quadros que pintou para si mesmo... e você sempre pode pintar novos quadros."

Wayne W. Dyer

Você está diante de um muro? Supere-o com uma nova metáfora!

Anthony Robbins

"Estou no fim da linha."
"Minha cabeça está prestes a explodir."
"Estou numa encruzilhada."
"Estou perdido."
"Estou num beco sem saída."
"Estou carregando o mundo nos ombros."

O que todas essas declarações têm em comum? São *metáforas*. E o que é uma metáfora? Sempre que a significação natural de uma palavra é substituída por outra, em virtude de relação de semelhança subentendida, está criando uma metáfora: As metáforas são como símbolos: uma maneira rápida de dizer muita coisa. As pessoas usam metáforas durante todo o tempo para descrever como se sentem em relação às coisas.

"A vida é uma luta" e "a vida é uma praia" são duas metáforas e duas maneiras muito diferentes de encarar o mundo. O que acontece com pensar que a vida é uma luta? Se você descreve a vida assim, provavelmente acredita que as pessoas estão sempre lutando umas contra as outras.

Mas se você diz que a vida é uma praia, pode acreditar que as pessoas são capazes de se divertir juntas!

Metáforas que fazem uma diferença

Por trás de cada metáfora há um sistema de convicções. **Quando você opta por uma metáfora para descrever sua vida ou situação, também opta pelas convicções que a projetam.** É por isso que você deve ser cuidadoso com a maneira pela qual descreve seu mundo... para si mesmo ou para os outros.

Duas pessoas que têm metáforas admiráveis são o ator Martin Sheen e sua esposa, Janet. A metáfora para a humanidade é "uma gigantesca família". Em conseqüência, eles sentem o mais profundo carinho e compaixão mesmo por totais estranhos.

Lembro quando Martin partilhou comigo a comovente história de como sua vida mudou há vários anos, enquanto fazia o filme *Apocalipse Now.* Antes, ele encarava a vida como algo a temer. Agora, considera-a como um desafio fascinante. Por quê? Sua nova metáfora é "A vida é um mistério".

O que mudou sua metáfora? A dor intensa. Filmavam em prazos e condições extenuantes, no meio da selva filipina. Depois de uma noite irrequieta, ele acordou na manhã seguinte e compreendeu que estava sofrendo um enfarte agudo. Partes de seu corpo já estavam dormentes e paralisadas. Ele se jogou no chão, e por intermédio apenas da força de vontade conseguiu se arrastar até a porta e obter ajuda.

Graças aos esforços da equipe, médicos e até de um piloto de acrobacia, Martin foi levado de avião a um hospital, para cuidados de emergência. Janet correu para seu lado. Martin se tornava mais e mais fraco a cada momento. Ela se recusou a aceitar a gravidade do estado dele — sabia que o marido precisava de força — por isso lhe sorriu e declarou:

— É apenas um filme, querido! Apenas um filme!

Martin me contou que nesse instante teve certeza de que ia sobreviver. Não podia rir, mas começou a sorrir, e com isso começou a se recuperar.

Que metáfora espetacular! Nos filmes, as pessoas não morrem de verdade, não é? Num filme, *você* pode decidir como termina.

Posso ouvir você dizendo: "Tudo isso *parece* ótimo, mas neste momento estou acuado". Muito bem, procure o portão de saída e abra-o. Mas acontece que estou carregando o peso do mundo nos ombros", você pode dizer. Pois então o largue e vá em frente!

Como você descreve *seu* mundo? É um teste? É uma luta? E se fosse um baile? Ou um jogo? Ou um jardim florido?

Se a vida fosse um baile, o que isso significaria? Você teria parceiras, movimentos graciosos e harmonia. E se a vida fosse um jogo? Seria divertida; seria uma oportunidade para você jogar com outras pessoas; podia até significar que há regras... e vencedores. E se a vida fosse um jardim florido? Pense nas cores exuberantes, a fragrância fascinante, a beleza natural! Poderia desfrutar a vida um pouco mais num jardim assim?

De que você precisaria para transformar sua vida em *qualquer coisa* que queira? Deve primeiro... usar uma metáfora positiva.

(In: *Mensagens de um Amigo*, Anthony Robbins, Editora Record, Rio de Janeiro, 1996.)

MARTIN CLARET - Empresário, editor e jornalista. Nasceu na cidade de Ijuí, RS. Presta consultoria a entidades culturais e ecológicas. Na indústria do livro inovou, criando o conceito do livro-*clipping*. É herdeiro universal da obra literária do filósofo e educador Huberto Rohden. Está escrevendo o livro *O Infinito Jogo da Vida — Novas Tecnologias para Atualização do Potencial Humano*. (1928 -)

"

O ser humano foi cosmicamente projetado para vencer obstáculos. Mas só tem sucesso aquele que acredita em si mesmo.

"

Rogier van der Weyden
(1399-1464)

O estilo dramático e apaixonado dos trabalhos de Rogier van der Weyden exerceu profunda influência sobre a pintura flamenga e alemã durante a segunda metade do século 15.

Rogier de la Pasture nasceu em Tournai, Flandres, por volta de 1399. Iniciou a carreira aos 27 anos e, ainda na cidade natal, estudou por cinco anos com Robert Campin, decano da guilda de pintores. As primeiras obras de Rogier trazem a marca do áspero naturalismo do mestre. Outra influência preponderante em sua formação foi o realismo sensível e matizado de Jan van Eyck, renomado em Bruges.

Em 1435, Rogier estabeleceu-se em Bruxelas e foi nomeado pintor da cidade no ano seguinte, quando passou a utilizar a grafia flamenga de seu nome, van der Weyden. Nesse período pintou a primeira grande obra, a célebre *Descida da Cruz*, que já mostrava o equilíbrio da composição e o intenso dramatismo das figuras, característicos de sua produção. O artista realizou para a câmara municipal quatro pinturas alegóricas sobre a justiça, hoje desaparecidas, muito elogiadas pelos contemporâneos. Outro de seus renomados trabalhos foi o políptico do *Juízo Final*.

Van der Weyden viajou para a Itália em 1450 e lá tomou contato com novas tendências. Nessa época fez trabalhos para as poderosas famílias Este, de Ferrara; e Médici, de Florença. De volta a Bruxelas, acentuou a simetria das composições, como em *Crucificação* e *Os Sete Sacramentos*. Realizou também numerosos retratos, entre os quais *Carlos o Audaz* e *Francisco D'Este*, que se caracterizam pela marcada expressividade dos rostos.

Tudo isso permitiu-lhe viver confortavelmente e exercer uma certa influência através das suas obras e dos seus discípulos. O conhecimento que tinha do mestre Campin pô-lo em relação com as formas rotundas, quase escultóricas, assim como com um desejo de imprimir uma emotividade de cariz quase popular. Ao longo de sua vida recorreu a composições imitando esculturas, o que significa o interesse que elas lhe despertaram. Mas, com Van Eyck, aprendeu a tratar a paisagem e a luz. A sua arte, relativamente a estes dois mestres da primeira geração, não de todo alheia à Itália depois de 1450, é original, e supõe uma proposta que teve enorme aceitação. Por um lado, manteve o elevado nível técnico, superior a Campin e próximo de Van Eyck. Por outro, afastou-se do intelectualismo deste e da sua objetividade. Influenciado talvez pela corrente espiritual da *Devotio moderna*, procurou a emotividade, quer contida, quer quase audaciosa, em pinturas religiosas, criando arquétipos, tanto compositivos como de sensibilidade, que foram excelentemente acolhidos. A tal ponto que certas cenas ficam assentes no flamengo a partir dele e até depois de 1500, influindo muito intensamente nos países limítrofes, como Castela.

Deve-se insistir no fato de que não foi apenas a manifestação de emoções o que determinou o seu êxito, mas sim a capacidade de criar composições com um ritmo diferente do da arte dos seus mestres, o que permite ver nele afinidades com a música polifônica contemporânea.

Rogier van der Weyden morreu em Bruxelas a 18 de junho de 1464.

A maioria dos retratos de Weyden é anônima. Chama a atenção a sua variedade, ainda que compositivamente, no caso de protagonistas únicos, os pinte sempre em fundo mais ou menos neutro, isento de referências espaciais. Em alguns obtém superfícies polidas de feitura delicada, principalmente nos femininos, o que indica que foram escolhidas. Destaca-se a pureza da pele e a sua suavidade, assim como os pormenores de um vestuário que não é freqüentemente luxuoso. Neste campo não há nenhum retrato melhor do que o da *Dama* da National Gallery de Washington.

Mais vasta do que a obra de Van Eyck, menos intelectual, capaz de refletir emoções e criar em certa medida "ícones" de devoção, a obra de Weyden constitui, certamente, a segunda maior da pintura flamenga do século 16.

Última mensagem

Martin Claret

Este livro-*clipping* é uma experiência educacional. Ele vai além da mensagem explícita no texto.
É um livro "vivo" e transformador.
Foi construído para, poderosamente, reprogramar seu cérebro com informações corretas, positivas e geradoras de ação.
O grande segredo para usá-lo com eficácia é a aplicação da mais antiga pedagogia ensinada pelos mestres de sabedoria de todos os tempos:
A REPETIÇÃO.
Por isto ele foi feito em formato de bolso, superportátil, para você poder carregá-lo por toda parte, e lê-lo com freqüência.
Leia-o, releia-o e torne a relê-lo, sempre.
Invista mais em você mesmo.
Esta é uma responsabilidade e um dever somente seus.
Genialize-se!